Alsace

clos et grands crus

COLLECTION DIRIGEE PAR
BERNARD GINESTET

Strasbourg
Rhin
▼ RACCORD

▲ RACCORD
Colmar
Rhin
Mulhouse
© B.R.G.M.

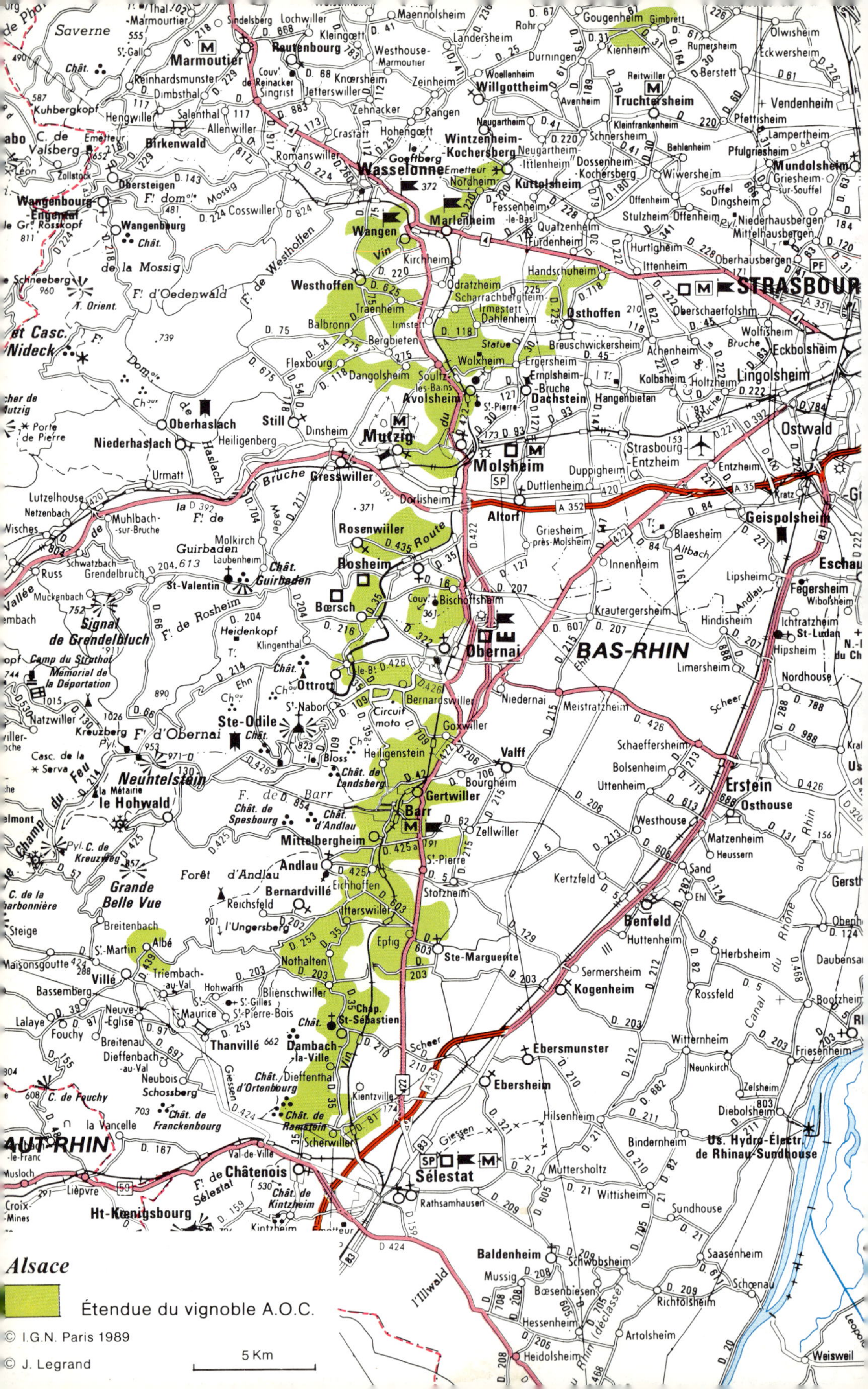

Saverne
Marmoutier
Wasselonne
Wangenbourg
Wangen
Marlenheim
Westhoffen
Kuttolsheim
Truchtersheim
Willgottheim
Wintzenheim-Kochersberg
Mundolsheim
STRASBOURG
Osthoffen
Avolsheim
Mutzig
Molsheim
Dachstein
Lingolsheim
Ostwald
Strasbourg-Entzheim
Geispolsheim
Eschau
Altorf
Rosenwiller
Rosheim
Bœrsch
Obernai
Ottrott
Ste-Odile
Signal de Grendelbruch
BAS-RHIN
Erstein
Valff
Barr
Gertwiller
Mittelbergheim
Andlau
Le Hohwald
Neuntelstein
Grande Belle Vue
Champ du Feu
Benfeld
Ste-Marguerite
Kogenheim
Dambach-la-Ville
Ebersmunster
Ebersheim
Sélestat
Châtenois
Ht-Kœnigsbourg
HAUT-RHIN
Us. Hydro-Électr. de Rhinau-Sundhouse
Baldenheim
Canal du Rhône au Rhin
Route du Vin
F. d'Obernai
F. de Barr
Forêt d'Andlau
Alsace
Étendue du vignoble A.O.C.
© I.G.N. Paris 1989
© J. Legrand
5 Km

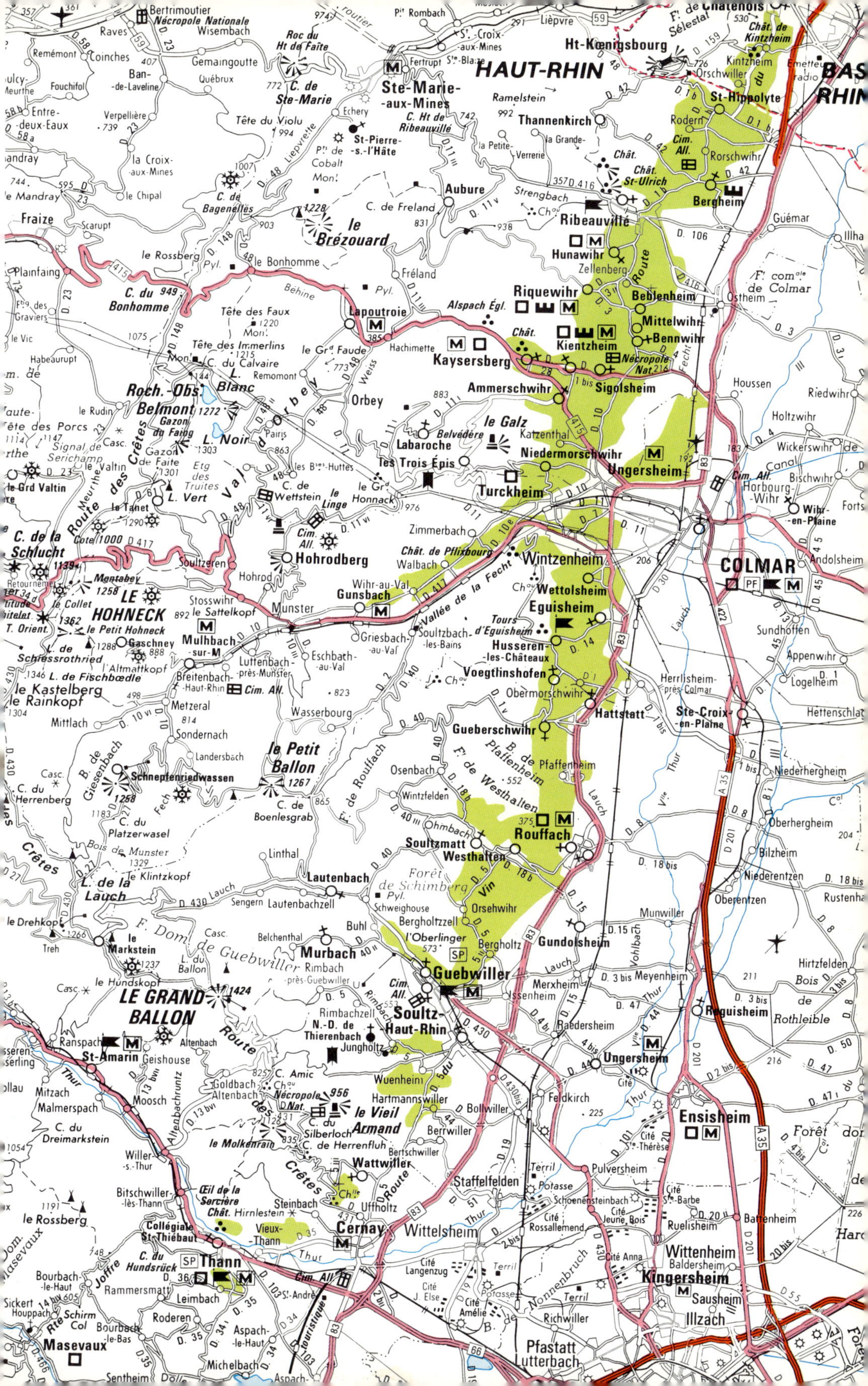

HAUT-RHIN
Ht-Kœnigsbourg
Châtenois
Sélestat
Kintzheim
Orschwiller
St-Hippolyte
Rodern
Rorschwihr
Bergheim
Thannenkirch
Ste-Marie-aux-Mines
Ste-Croix-aux-Mines
Liepvre
Rombach
Bertrimoutier
Nécropole Nationale
Wisembach
Raves
Remémont
Coinches
Gemaingoutte
Ban-de-Laveline
Fouchifol
Verpellière
Entre-deux-Eaux
la Croix-aux-Mines
Tête du Violu
C. de Ste-Marie
Roc du Ht de Faîte
Echery
St-Pierre-s.-l'Hâte
C. Ht de Ribeauvillé
Aubure
Ramelstein
C. de Bagenelles
le Chipal
Fraize
Scarupt
le Brézouard
C. de Freland
Strengbach
Ribeauvillé
Hunawihr
Zellenberg
Guémar
Illhaeusern
Fréland
le Bonhomme
le Rossberg
Plainfaing
C. du Bonhomme
Béhine
Lapoutroie
Hachimette
Alspach Égl.
Riquewihr
Beblenheim
Ostheim
F.t com.ale de Colmar
Mittelwihr
Bennwihr
Kientzheim
Kaysersberg
Nécropole Nat.
Sigolsheim
Tête des Faux
Tête des Immerlins
C. du Calvaire
le Grd Faudé
Remomont
L. Blanc
Orbey
Val d'Orbey
Weiss
Ammerschwihr
Houssen
Riedwihr
Holtzwihr
Roch.-Obs. Belmont
Gazon du Faing
L. Noir
Pairis
le Galz
Labaroche
Belvédère
Katzenthal
Les Trois Épis
Niedermorschwihr
Ungersheim
Wickerswihr
Canal
Horbourg-Wihr
Bischwihr
Wihr-en-Plaine
Route des Crêtes
Signal de Sérichamp
le Valtin
le Grd Valtin
L. Vert
le Tanet
les Bses-Huttes
C. de Wettstein
le Linge
le Grd Honnack
Turckheim
Zimmerbach
Cim. All.
C. de la Schlucht
Hohrodberg
Soultzeren
Hohrod
Châ. de Pflixbourg
Walbach
Wintzenheim
COLMAR
Andolsheim
Montabey
LE HOHNECK
Stosswihr
le Sattelkopf
Munster
Gunsbach
Wihr-au-Val
Vallée de la Fecht
Wettolsheim
Eguisheim
Tours d'Eguisheim
Sundhoffen
le Petit Hohneck
Gaschney
Mulhbach-sur-M
Griesbach-au-Val
Soultzbach-les-Bains
Husseren-les-Châteaux
Appenwihr
L. de Schiessrothried
l'Altmattkopf
Luttenbach-près-Munster
Eschbach-au-Val
Voegtlinshofen
Logelheim
L. de Fischbœdle
Breitenbach-Haut-Rhin
Obermorschwihr
Herrlisheim-près-Colmar
le Kastelberg
le Rainkopf
Metzeral
Wasserbourg
Hattstatt
Ste-Croix-en-Plaine
Hettenschlag
Mittlach
Sondernach
Gueberschwihr
Landersbach
le Petit Ballon
B. de Pfaffenheim
Pfaffenheim
Niederhergheim
B. de Giesenbach
Schnepfenriedwassen
Osenbach
F.t de Westhalten
C. du Herrenberg
C. de Boenlesgrab
F.t de Rouffach
Wintzfelden
Oberhergheim
C. du Platzerwasel
Ohmbach
Rouffach
Soultzmatt
Westhalten
Bilzheim
Bois de Munster
Linthal
Crêtes
le Klintzkopf
L. de la Lauch
Lautenbach
Forêt de Schimberg
Niederentzen
Oberentzen
Rustenhart
Sengern
Lautenbachzell
Schweighouse
Orsehwihr
Vin
Munwiller
le Drehkopf
Bergholtzzell
Buhl
Gundolsheim
Treh
le Markstein
F. Dom. de Guebwiller
Belchenthal
Murbach
l'Oberlinger
Bergholtz
L. du Ballon
Rimbach
Guebwiller
Meyenheim
Hirtzfelden
le Hundskopf
Rimbach-près-Guebwiller
Merxheim
Issenheim
Bois de Rothleible
LE GRAND BALLON
Rimbachzell
Soultz-Haut-Rhin
Raedersheim
Reguisheim
N.-D. de Thierenbach
Jungholtz
Ranspach
Altenbach
Route
St-Amarin
Geishouse
Ungersheim
Thur
Mitzach
Malmerspach
Goldbach-Altenbach
C. Amic
Wuenheim
Nécropole Nat.
le Vieil Armand
Hartmannswiller
Bollwiller
Feldkirch
Ensisheim
Forêt
C. du Dreimarkstein
Willer-s.-Thur
C. du Silberloch
C. de Herrenfluh
le Molkenrain
Berrwiller
Bertschwiller
Wattwiller
Cité Ste-Thérèse
Terril
Pulversheim
Bitschwiller-lès-Thann
Œil de la Sorcière
Châl. Hirnlestein
Steinbach
Uffholtz
Staffelfelden
Potasse
Schoenensteinbach
Cité Ste-Barbe
Battenheim
le Rossberg
Collégiale St-Thiébaut
Vieux-Thann
Cernay
Wittelsheim
Cité Rossallemend
Cité Jeune Bois
Ruelisheim
C. du Hundsrück
Thann
Cim. All.
Cité Langenzug
Cité Anna
Wittenheim
Baldersheim
Bourbach-le-Haut
Joffre
Rammersmatt
Leimbach
St-André
Cité J. Else
Cité Amélie
B. de Nonnenbruch
Terril
Kingersheim
Sausheim
Sickert
Houppach
Rte Schirm Col
Roderen
Bourbach-le-Bas
Aspach-le-Haut
Richwiller
Illzach
Masevaux
Sentheim
Michelbach
Aspach
Pfastatt
Lutterbach
touristique

Bernadette Burn
Gilles Schmidt

Alsace

clos et grands crus

LE GRAND BERNARD
DES VINS DE FRANCE

Jacques Legrand

Création et réalisation :
Jacques Legrand S.A.

Directeur éditorial :
Robert Maillard
Secrétaire de rédaction :
Christine Fourton

Directeur artistique :
Henri Marganne
Maquette et secrétariat d'édition :
Claire Forgeot

Photographie :
Richard Decker, Strasbourg

Photocomposition :
Berger-Levrault, Nancy

Photogravure :
Christian Bocquez

Distribution en Belgique :
Chronique Diffusion, Bruxelles

I.S.B.N. : 2-905969-24-5
Dépôt légal : 2e trimestre 1989
Imprimé et relié par Brepols en Belgique

Préface

Bernadette Burn et Gilles Schmidt se sont unis dans la rédaction de ce livre. Il ne leur fut pas difficile de se rencontrer puisqu'ils sont, depuis bientôt huit ans, unis dans la vie. Fille de viticulteurs, Bernadette a transmis à Gilles, par naturelle osmose, son amour héréditaire pour la vigne, matrice familiale. Ensemble, ils ont revisité tous les hauts-lieux où sylvaners, rieslings, traminers, gewurztraminers, pinots noirs ou blancs, muscats et tokays comptent des siècles et parfois deux millénaires de présence vigneronne. Documenté, précis et complet, ce livre représente un parcours passionnel tout au long d'un des plus anciens vignobles d'Europe. Il illustre à merveille l'histoire des hommes qui ont patiemment adapté les meilleurs cépages aux meilleurs terroirs, tout en vivant leur culture paysanne et ses traditions comme une originale et authentique civilisation. Bernadette Burn et Gilles Schmidt (appelons-les Burn-Schmidt) étaient dépositaires de cette sorte de mémoire ancestrale et collective. Ils se devaient de la transmettre.

La tâche était ardue mais la mission est remplie. Car il fallait inventorier, connaître, identifier d'intime façon, les quantités de crus dignes de figurer au répertoire de ce volume dont le titre annonce bien la teneur : Clos et Grands Crus. *Ici, toute l'élite des vins d'Alsace se trouve réunie, présentée et commentée. A ma connaissance, un semblable travail n'a jamais été accompli auparavant. Si Bordeaux, avec ses quelque cinquante appellations d'origine contrôlée et ses dix mille crus peut faire figure de puzzle géant... si la Bourgogne, avec sa pléïade de climats, morcelés en restrictifs « grands » et « premiers crus », ressemble à un émail champlevé aux cloisons innombrables... l'Alsace quant à elle n'exprime bien son particularisme qu'à travers ses centaines de microclimats, encore aggravés dans la multiplicité de leurs productions par la diversité des cépages. A telle enseigne qu'il fallut attendre 1970, soit plus de trente années après la grande loi sur les appellations d'origine pour que le Législateur parvînt à proposer une logique organique dans cette tapisserie au petit point, apparemment complexe mais qui n'a rien d'abstrait.*

Bernard Ginestet et Ernest Burn, au Clos Saint-Imer.

Les noms de lieux, par leurs consonances et leur orthographe, tendent à aggraver la méconnaissance du profane ou à atténuer l'intérêt de l'amateur. Certes, ils sont moins intégrés dans la langue française que, par exemple, Médoc, Chinon, Corton ou Montée de Tonnerre... qui deviennent vite familiers à l'œil; et surtout à la langue qui parle et qui goûte à la fois! D'aucuns les prennent pour des barrières, voire des obstacles formels, leur conférant par là une espèce d'exotisme linguistique. Mais ils sont partie intégrante du florilège des vins de France, dont ils représentent une expression parfaitement définie, avec sa géographie et sa géologie, ses caractères et ses types, ses usages et ses rites, son charme et sa romance. Bref, ils sont riches d'un contenu tout aussi millionnaire en saveurs vineuses qu'en valeurs humaines. A ce titre, et par leurs seules vertus, ils méritent d'être mieux connus. Et reconnus. Plus que partout ailleurs, le nom du producteur, celui du cépage et celui de l'origine cadastrale ont une importance essentielle. On ne dit pas : « J'ai bu, hier soir, un bon vin d'Alsace... » Mais on doit se souvenir de dire : « J'ai dégusté, hier soir, un Gewurztraminer du Clos des Capucins, qui fait partie du Domaine de Weinbach de Colette Faller à Kaysersberg », ou encore : « Ah!.. ce Muscat Goldert du Clos Saint-Imer! Vous savez... celui de Burn à Gueberschwihr. » Oui, c'est cela qu'il faut dire; et pas autre chose pour parler de ces vins-là : ceux qui sont dans ce livre. On ajoutera, bien sûr, l'indication de l'année et la précision de la date des vendanges si elle est mentionnée sur l'étiquette (vendanges tardives, grains nobles, etc.). A défaut d'être vraiment instruit, on aura au moins l'air civilisé.

« Chaque vin vous raconte son histoire. Il suffit de savoir le comprendre. Il vous dit d'où il vient et si la vigne est jeune ou vieille, contente ou malheureuse. Il vous déclare si on l'a traité comme il faut, si on a cherché le meilleur de lui-même ou seulement sa signature sur l'étiquette. Il se souvient pour vous du temps qu'il a fait cette année-là, la sienne, et il sait mieux que n'importe qui si elle fut facile ou bien rude. » C'est Ernest Burn qui parle. Le père de Bernadette. Je n'ai pas eu besoin de bloc-notes ni de magnétophone pour enregistrer ces propos, lors d'une visite que je lui fis. Ernest Burn est un viticulteur de la vieille souche comme il en existe encore plusieurs – sinon beaucoup – en Alsace. Il parle l'alsacien, dialecte auquel je n'entends littéralement rien. Et pourtant, je crois avoir tout compris de ce qu'il me disait, dans ses vignes escarpées ou dans sa cave patrimoniale au-dessous de son habitation. Je lui répondais en français. Nous n'avions guère besoin d'un interprète. Nous parlions du même sujet et cela suffisait à établir la qualité de la communication. L'émotion reste intacte.

Dans les Clos et les Grands Crus d'Alsace, tout le monde ne s'appelle pas Ernest Burn. Mais tout le monde lui ressemble – plus ou moins – à travers le souci de perfection qui anime l'ensemble des propriétaires. Cela se vérifie sur place. Verre en main également. S'il me fallait brièvement qualifier la viticulture alsacienne de haut rang, je dirais, en toute simplicité : « Sincérité et pureté. » Montaigne, bien avant moi, ne s'y était pas trompé. Ce Bordelais notait, en 1580, dans son Journal, *à propos des vignerons qu'il visitait du côté de Colmar : « Ils ne se servent jamais d'eau à leur vin. »*

Bernard Ginestet

**A nos parents
qui nous ont transmis
leur amour de la terre
et des vieilles pierres.**

Nos remerciements chaleureux vont à Michel Dovaz, écrivain, qui est en quelque sorte le parrain de ce livre; à Gérard Barbier (direction générale de la Concurrence, de la Consommation et de la Répression des fraudes, Strasbourg), Alex Schaeffer (Institut national de la recherche agronomique, Colmar), Jean-Louis Vézien (Institut national des appellations d'origine, Colmar), Béatrice Weiss (chargée de Recherche au CNRS, Strasbourg) et à toutes celles et ceux qui nous ont aidés dans cette entreprise.

Sommaire

Alsace, terre dont la vigne est l'enfant

« *Le seigneur de Hohenstein, landvogt d'Alsace, enleva par violence huit vases de vin aux sœurs de Saint-Jean.* » (Chronique d'un vigneron, 1282.)

Il y a, familière et colorée comme une image d'Epinal, l'Alsace des maisons à colombages aux balcons de bois sombre qui disparaissent sous les cascades de géraniums éclatants... Il y a, plus secrète peut-être, l'Alsace des demeures en pierre flanquées d'une tour où vire un escalier de grès rose et que gardent de lourdes portes cochères; celles-ci une fois franchies, on découvre des cours pavées donnant accès à des caves profondes, ornées parfois de colonnes monolithes surmontées d'un chapiteau en chêne sculpté de feuilles d'acanthe... Dans la rue, une enseigne en fer forgé ou un oriel aux vitraux armoriés ornent la façade, signalant l'identité des propriétaires ou leur activité viticole.
Si le Petit Larousse fait naître l'Alsace par la grâce du traité de Westphalie, de nombreux vestiges antérieurs, comme les maisons Renaissance que nous venons d'évoquer ou les archives, aussi foisonnantes et ordonnées que les jardinières sur les fontaines villageoises, attestent le rôle primordial de la vigne, du vin et de leurs artisans, dans l'histoire de cette province.
Certains faits se passent de commentaires. Ne va-t-on pas au Moyen Age jusqu'à couper la main aux voleurs de raisins? Au IXe siècle, sous Louis le Pieux, si une « manse » (dotation) correspond à dix hectares de terres labourables en pays plat, elle en comprend beaucoup moins dans le vignoble, en raison du rapport supérieur. Même les différends entre évêque et curés ont pour objet l'utilisation du pressoir paroissial et la dîme sur le vin! Révélatrices aussi sont les attaques des hordes anglaises d'Enguerrand de Coucy, au XIVe siècle, ou des Armagnacs au siècle suivant : invariablement, ces envahisseurs saccagent, en sus des murs ou des vignes en travers de leur chemin, les tonneaux de vin! Quant aux soldats de Turenne, en hiver

◄ *En Alsace, comme dans tous les pays viticoles de qualité, la vigne imprime au paysage un ordre serein que les saisons colorent tour à tour.*

1675, ils se contentent d'« oublier » de refermer les fûts, après avoir largement étanché leur soif!
Il existe des « gardiens du ban » (*Bannwarter*), équipés de piques et d'un cor; un abri au milieu des vignes leur est dévolu (1487); à partir du XVIIe siècle, un fusil leur sert à effaroucher les nuées d'oiseaux à l'approche des vendanges.
Cette vigne si vulnérable, ces raisins tant convoités, ce vin que l'on abrite dans sa maison, sont aussi inextricablement liés à l'histoire de l'Alsace – province à la croisée de pays, de cultures et de civilisations – que la vrille au fil de fer de palissage! A vrai dire, cette histoire a commencé il y a longtemps et il est une voie toute tracée pour nous le rappeler.

Via villarum

En l'été 58 avant notre ère, quand Crassus le Jeune, fils du triumvir, à l'avant-garde des légions de César, s'engagea sur la vieille route des Celtes longeant les monts Vogésius par les collines, à la rencontre des hordes suèves d'Arioviste, pouvait-il imaginer qu'un jour l'antique chemin qu'il empruntait s'appellerait la « route du vin »? Amateur des produits de Sicile ou de Grèce, propriétaire peut-être de coteaux en Campanie, du côté de Falerne, il remarqua sans doute l'excellence des terroirs qu'il découvrait à senestre, contrastant avec les forêts et les marécages de la plaine.
Rome écrasa le Barbare et prit pour des siècles possession de l'Alsace.
Nunc est bibendum. La plaine du Rhin, frontière de l'Empire face à l'inquiétante sylve germanique, eut à nourrir et surtout à abreuver les légions. Las d'attendre les hypothétiques chargements de vins d'Italie, qui arrivaient souvent piqués et tout juste bons, pour un vétéran des temps héroïques de la République, à être coupés d'eau, légionnaires, fédérés et Gallo-Romains plantèrent leurs propres vignes sur les collines; et leur vin était si bon qu'il concurrençait les vins d'Italie au point que, sous la pression des producteurs de la Péninsule, l'empereur Domitien en ordonna l'arrachage en l'an 91. Sans avoir jamais été réellement appliqué – tant la vigne faisait déjà partie intégrante du paysage d'Alsace – cet édit fut annulé entre 276 et 282 par l'empereur Probus, lui-même fils de vigneron illyrien.
L'Alsace romaine du IIIe siècle s'articulait le long de trois axes nord-sud, coupés de transversales. La route militaire longeant le Rhin de Augusta Rauraca (Augst) à Saletio (Seltz) assurait la liaison entre les forts (*castella*) établis toutes les 6 à 8 lieues et permettait l'intervention rapide de la VIIIe légion d'Argentorate (Strasbourg).
La route de la plaine, suivant le cours de l'Ill, était la route des marchands, ponctuée de villes (*civitas*) et de villages (*vici*) souvent fortifiés, où exerçaient

A la voie romaine des collines succéda, au Moyen Age, la « route romane ». Ici, l'église abbatiale de Murbach (XIIe siècle). ▶

artisans et négociants. L'Ill, à cette époque plus navigable que le Rhin, devint la voie essentielle de transport du vin.
La route des collines, *via villarum*... c'est l'ancienne voie celtique remise en valeur sous l'impulsion des Flaviens. Villages celtes ou *villae* gallo-romaines la bordent, cultivant à l'envi fruits et vignes sur les terres les mieux appropriées, portant au-delà des provinces le renom des produits d'Alsace.

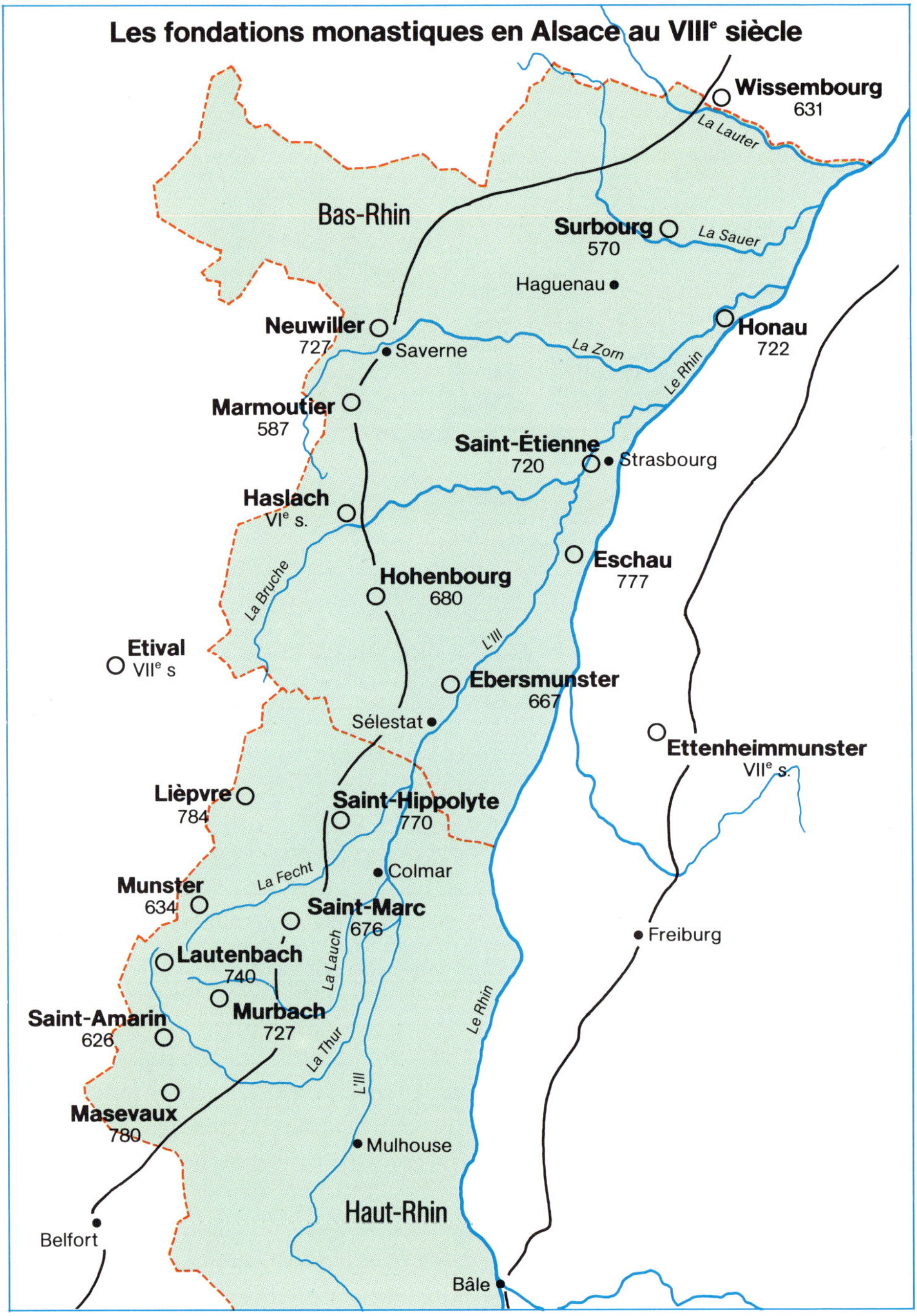

Comment était le vin produit à cette époque? On n'en sait trop rien. Si les techniques de viticulture venaient certainement de la Narbonnaise, on peut imaginer que les plants étaient indigènes, vu la latitude septentrionale de l'Alsace. L'essentiel était qu'il fût bon. Au début du Ve siècle, les légions abandonnèrent la « garde au Rhin ». *Exit Roma!*

Le chemin des moines

Bonum vinum laetificat cor hominis (Le bon vin réjouit le cœur de l'homme). Les Romains aimaient le vin! Il s'imposa aux Barbares du début du ve siècle, qui, dès les premiers temps de leur implantation, préservèrent sa culture et la population qui savait le produire. Ainsi, la loi salique prévoyait que « quiconque tuait un vigneron serait condamné à une amende double que s'il avait occis un simple laboureur ».
En premier vinrent les Alamans païens, qui germanisèrent la plaine. Petits agriculteurs ou pasteurs, ils laissèrent les collines aux Gallo-Romains, à charge pour ceux-ci de remplir leurs cornes. Peu regardants sur la qualité, on peut douter qu'ils encouragèrent le vignoble. Ils le protégèrent toutefois contre Alains, Burgondes, Vandales, Huns, Suèves, Goths et autres Ostrogoths qui lorgnaient sur les tonneaux. Ceux-ci n'insistèrent pas et allèrent chercher sous d'autres cieux des vignobles plus accessibles.
Forts de leur foi nouvelle qui ouvrait bien des portes, les Francs, eux, annexèrent l'Alsace. Ils cantonnèrent les Alamans dans les vallées et établirent le chemin des monastères. La christianisation de la région marqua profondément le vignoble.
Les moinillons d'Arbogast, Himère, Landelin, confrontés aux pieux legs en vignes et terres offerts par les seigneurs soucieux de racheter leur vie de turpitudes, choisirent les meilleurs lots. Sur ces vieilles terres, ils entreprirent d'améliorer la culture de la vigne et firent connaître leur vin aux monastères des marais de l'Elbe ou des montagnes suisses. Par le

▲ *Près de Guebwiller, ces chapiteaux sculptés de l'ancienne église collégiale de Lautenbach illustrent bien la richesse et l'originalité de l'art roman alsacien.*

Gothard, le Rhin et la Hanse, l'or de l'Alsace fut apprécié : vin de messe ou de fête, il répandit ses bienfaits jusqu'aux rives de l'Ambre. Les Suédois s'en souviendront quelques siècles plus tard.

Oh, il y eut des jaloux! Les Lorrains d'abord; ce qui peut expliquer la méfiance des Alsaciens vis-à-vis de leur premier voisin, bien avant les massacres de Saverne et de Scherwiller. Dès 1220, « le duc de Lorraine ... assiégea et prit Rosheim; les soldats trouvèrent dans les caves du vin en abondance... » Ils durent l'apprécier et même le considérer comme un sérieux concurrent pour les vins de Moselle, puisque, en 1338, la ville de Metz interdit toute importation de vins blancs d'Alsace en Lorraine mosellane, afin de protéger la production locale. A cette époque, il est vrai, le vignoble d'Alsace était réputé, à l'instar de ceux de Bourgogne et d'Arbois.

Malgré les hivers froids (le vin de messe aurait gelé dans les calices en 1565), malgré les années pourries où le vin était si acide qu'il tuait ceux qui en buvaient (selon une chronique de 1475), malgré la peste, les ours qui empêchèrent des vendanges ou la vermine (« Vers la Saint-Jean, en 1364, des sauterelles traversèrent l'Alsace ... en aussi grand nombre que la neige qui descend du ciel »), malgré les hommes de guerre, le vin des moines devint, au XVIe siècle, la principale production de la province.

Bon nombre des clos et des lieux-dits cités dans cet ouvrage étaient déjà connus à l'époque. Philesius, homme de lettres, né à Colmar, dont on dit qu'il pourrait bien être l'inventeur du nom « Amérique » sur la carte de son ami Waldseemuller, cartographe à Saint-Dié, décrit l'Alsace du XVIe siècle comme une terre d'opulence et d'esprit, qui savait produire les meilleurs

crus, damant le pion à d'autres vignobles prestigieux et exportant ses vins aux quatre coins de l'Europe.

L'encyclopédie illustrée de Merian, plus tardive, donne une bonne idée de la richesse de ce siècle d'or. Au fil des gravures, les fortifications imposantes et les altières maisons de grès y voisinent avec les beaux vignobles de coteaux. La vigne avait une telle importance qu'une certaine commune qui

▲ *Le foulage, gravure ancienne. Un bel exemple de la riche iconographie vinicole d'Alsace (Bibliothèque municipale, Colmar)*

◄ *Manuscrit du XIIe siècle provenant de Wissembourg. La superbe lettrine trichrome montre un vigneron chassant un oiseau voleur de raisins (Bibliothèque de Wolfenbuttel, RFA).*

La vallée de la Weiss. Gravure ancienne (Bibliothèque municipale de Colmar). ►

possédait un grand cru n'hésita pas à placarder, en 1553, aux limites de son ban, cet édit exécutable sur-le-champ : « Pour réprimer les vols de raisins, toujours plus fréquents, on coupera à l'avenir la main droite de quiconque est convaincu de ce délit. »

Hélas, l'Alsace, fleuron de l'Empire, se trouva en première ligne dans les rivalités du XVIIe siècle, en particulier la guerre de Trente Ans, qui fut un véritable cataclysme, saignant à blanc la province et anéantissant une bonne partie du vignoble constitué avec peine et passion par des générations.

Vers la route du vin...

Henri de La Tour d'Auvergne, vicomte de Turenne, la découvrit en plein hiver 1674/1675, lorsque, de Belfort, il lança ses troupes à marches forcées vers le cœur de l'Alsace. Combattre l'hiver était insolite, mais dragons et grenadiers brûlèrent les étapes, car M. de Turenne a dit : « ... aux champs d'Alsace, il pousse aussi du vin », et du très bon! A Turckheim, haut-lieu du vignoble, les Impériaux durent abandonner leurs tonneaux aux Poitevins, Bretons et Provençaux et se contenter de la bière d'outre-Rhin. L'Alsace dévastée devint française.

L'intelligence du pouvoir royal et le doigté, voire la « fine gueule » des intendants et gouverneurs de la nouvelle province, comme le maréchal de Contades pour qui fut inventé le « foie gras d'Alsace », permirent la reconstitution accélérée du vignoble, privilégiant les cépages nobles dont la qualité ne cessait de s'améliorer en ce siècle des lumières.

Mais voilà : terre de garnison, l'Alsace connut une telle demande de vin que tout le monde se mit à en planter n'importe où et n'importe comment. Le mauvais vin, vendu à vil prix, menaça de faire disparaître le bon. A tel point que les rois en personne durent intervenir. Ainsi Louis XV, en 1731. Ayant été « informé que, depuis plusieurs années, on a beaucoup planté de vignes dans la plaine d'Alsace ... et que les habitants ... dont les leurs sont situées sur les coteaux ... ne retirent aucun fruit de leurs travaux, parce que les propriétaires de celles qui sont dans la plaine, ayant quelques cantons de vignes dont ils retirent du vin, quoique très inférieur, n'en achètent plus ailleurs », le roi interdit de manière expresse toute nouvelle plantation de vignes en plaine.

Louis XVI, en 1776, alla plus loin et ordonna purement et simplement l'arrachage des vignes non situées dans les collines. Comme le précédent, cet édit resta lettre morte; mais l'hiver suivant, le gel se chargea de régler temporairement le problème... Au besoin, l'on donnait un coup de pouce à la nature, pour transformer un vin blanc en rouge, ce dernier valant alors plus cher; ainsi, le cahier d'un maître tonnelier de 1787 indique la recette suivante : « On prend une livre de myrtilles bien séchées, on les verse dans un ohm (50 litres) de moût blanc et on laisse le tout fermenter ensemble. Si le vin blanc est bon, il en sortira un excellent vin rouge. »

Les clos restaient le fer de lance de la qualité des vins de haut de gamme. La Révolution sonna leur glas, car biens seigneuriaux ou d'Eglise, ils furent spoliés et vendus aux enchères, ce qui acheva leur morcellement en une multitude de petites propriétés.

◄ *Escalier intérieur d'une maison de vigneron à Gueberschwihr (XVIe siècle). Ce plan évoque la coquille du nautile, symbole de création et d'évolution.*

Comme à Ammerschwihr, chaque village d'Alsace s'inscrit sur son terroir et l'on y comprend bien le sens du mot « paroisse ». ►

Une aura de poésie entoure le vin d'Alsace : ses bouteilles élancées se nomment *flûtes*, ses verres préférés sont des *tulipes*. A la musique il emprunte les sept notes de sa « gamme » pour présenter le gewurztraminer (19,3 % de sa surface), le riesling (21 %), le tokay-pinot gris (5,3 %), le muscat (2,9 %) – ses quatre cépages nobles –, le sylvaner (19,4 %), le pinot blanc (19,2 %) et, *last but not least*, seul rouge parmi les blancs, le pinot noir (6,8 %), chacun étant vinifié séparément.

L'Alsace vinicole en chiffres

13 000 ha environ, cultivés par quelque 8 000 viticulteurs dont 62 % possèdent moins d'un hectare. La vigne est donc pour eux une activité d'appoint : 28,2 % ont de 1 à 5 ha, et seulement 9,3 % plus de 5 ha. Cette population englobe aussi bien le vendeur de raisins (31 %) ou de vin en vrac (3,1 %) que le coopérateur (37,9 %), le viticulteur récoltant (20,1 %) et le producteur négociant (0,6 %).

Ensemble, ils produisent, bon an mal an, 1 million d'hectolitres de vins AOC, qui se répartissent entre une appellation « Alsace » et une appellation « Alsace Grand Cru », complétées par un nom de cépage. S'y ajoutent deux spécialités : les « Vendanges tardives » et les « Sélections de grains nobles ». Plus on s'élève dans la hiérarchie, plus draconiens sont les exigences et les contrôles.

Quelques dates à retenir

– Recensement des appellations lieux-dits communales par le Syndicat des viticulteurs d'Alsace (1930-1933)
– Ordonnance du 2 novembre 1945 sur les appellations d'origine des vins d'Alsace (modifiée en 1970, 1971 et 1974)
– Adhésion à la famille des AOC (1962)
– Création du CIVA (Comité interprofessionnel du vin d'Alsace) le 22 avril 1963
– Loi du 5 juillet 1972 sur la mise en bouteilles dans la région d'origine
– Définition de l'appellation d'origine contrôlée « Alsace Grand Cru » (décret du 20 novembre 1975)
– Délimitation de 25 lieux-dits Grands Crus (décret du 23 novembre 1983)
– Délimitation des mentions « Vendanges tardives » et « Sélection de grains nobles » (décret du 1er mars 1984)

Disparue la volonté d'un pouvoir central plus axé sur la guerre que sur la sélection des vignes, éclatés les pôles de qualité que constituaient les clos : les vignerons locaux privilégièrent à nouveau la quantité à tout va, pour satisfaire aux besoins des armées républicaines, puis de l'Empire, engagées loin outre-Rhin. La majorité du vin produit était un vin rouge médiocre. Il ne résista pas à la marée des vins du Languedoc, rendue possible par l'apparition des chemins de fer. Les quelques rares derniers débouchés européens se fermèrent à leur tour, les Etats allemands en 1828 et la Suisse en 1850, entraînant la grande crise du vignoble. Les petits propriétaires abandonnèrent les vignes et prirent, qui le chemin de l'usine, qui celui de l'expatriation.
Hors quelques exceptions, le vin d'Alsace fut relégué au rang de coupage, triste privilège qu'il conserva durant l'annexion allemande, jusqu'à son quasi-anéantissement au début de ce siècle, sous les coups conjugués de l'oïdium, du mildiou, de l'eudémis et du phylloxéra. Ce n'est qu'après la Première Guerre mondiale que l'Alsace put réellement reconstituer son vignoble, grâce au travail et à la foi de certains précurseurs (tels les Adam, les Beyer, les Dopff, les Hugel, les Trimbach). Elle avait pris un siècle de retard sur les autres régions viticoles françaises. Ne nous étonnons pas si, depuis quelque temps, elle met les bouchées doubles!

▲ *Sous la houlette du comte d'Andlau et de frère Albert : la Confrérie des Hospitaliers du Haut-d'Andlau.*

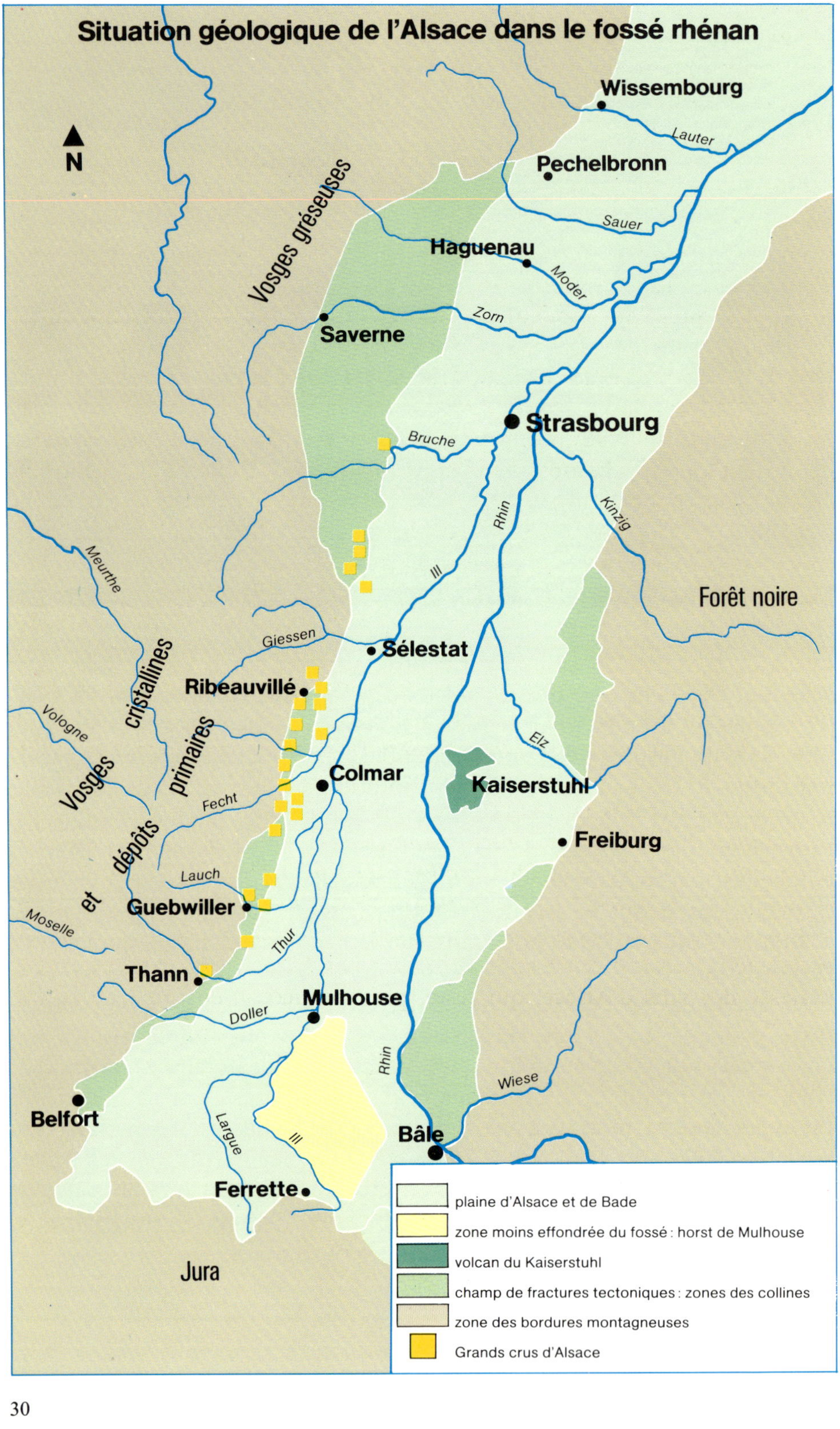
Situation géologique de l'Alsace dans le fossé rhénan
N
Wissembourg
Lauter
Pechelbronn
Sauer
Haguenau
Moder
Vosges gréseuses
Zorn
Saverne
Strasbourg
Bruche
Rhin
Kinzig
Ill
Meurthe
Forêt noire
Giessen
Sélestat
Ribeauvillé
cristallines
Vologne
primaires
Elz
Vosges
Colmar
Kaiserstuhl
Fecht
dépôts
Freiburg
et
Lauch
Guebwiller
Moselle
Thur
Thann
Mulhouse
Doller
Rhin
Belfort
Largue
Ill
Wiese
Bâle
Ferrette
Jura
plaine d'Alsace et de Bade
zone moins effondrée du fossé : horst de Mulhouse
volcan du Kaiserstuhl
champ de fractures tectoniques : zones des collines
zone des bordures montagneuses
Grands crus d'Alsace

Il y eut trois routes, il y a trois Alsace géologiques dans la zone du vignoble. L'Alsace des montagnes vosgiennes, cristallines ou gréseuses, couvertes de forêts qui sentent bon le sapin et les chaumes, prairies d'altitude propices à la fabrication des fromages dont l'odorant munster.
L'Alsace de la plaine, celle du Rhin et du Ried, aux terres grasses, autrefois gorgées d'eau, royaume des céréales, du chou et du houblon.
L'Alsace des collines, franges de croupes arrondies, orientées sud/sud-est, qui courent entre plaine et Vosges sur 120 kilomètres.
Comme son histoire humaine, la terre d'Alsace n'a été qu'une succession d'émergences, d'effondrements et de cassures. A l'origine : une haute montagne qui a été totalement érodée, puis rehaussée brutalement. Ce mouvement tectonique a entraîné deux accidents majeurs, la faille vosgienne, en limite des terrains cristallins du massif, et la faille du Rhin, au-delà de laquelle on trouve les alluvions du fleuve.
Entre les deux, un réseau complexe de failles secondaires qui s'entremêlent, délimitant quatre champs de fractures : Saverne, Ribeauvillé, Rouffach-Guebwiller, Thann-Sentheim. C'est la zone des collines, et aussi le domaine d'élection de la vigne où se concentre la quasi-totalité des grands crus reconnus à ce jour. Mais ce paysage, d'apparence homogène, cache une mosaïque géologique dont on dit qu'elle serait l'une des plus complexes de l'Hexagone...
On y retrouve l'ensemble des horizons lithologiques du mésozoïque, grès du trias, calcaires du jurassique, marnes et argiles du lias voisinant avec des formations littorales du tertiaire. Mais tout cela morcelé, haché, au point que pas une lieue carrée ne ressemble, pédologiquement, de façon absolue à sa voisine! D'où, sur un même ban communal, avec un cépage identique, des vins si différents tant en arômes qu'en brillance ou en garde...
En y ajoutant des conditions climatologiques variées, l'ensoleillement, la pluviométrie, et surtout des millénaires de travail de l'homme, on comprend qu'il n'existe pas *un* riesling ou *un* tokay-pinot gris, mais cent rieslings, tokays d'Alsace, gewurztraminers et muscats, renfermant pourtant des caractères communs à leurs cépages typés. Cette complexité incarne la richesse des vins d'Alsace, qui reste, pour beaucoup, encore à découvrir!

Les saisons de la vigne

L'hiver de la vigne

« *Les vignes taillées au cours du mois de janvier produisent des baies qui n'ont qu'un pépin. Lorsque la lune est dans son croissant, elles sont grosses et pleines, mais au décan de la lune, elles sont chétives et vides. La taille du mois de mars est préférable.* » (Chronique d'un vigneron, 1276.)

Le paysage a perdu ses couleurs, comme les pampres leurs feuilles. Les moûts dans les fûts se sont tus, un à un.

Pour le vigneron, plutôt appelé aujourd'hui viticulteur (même si d'aucuns reviennent au premier terme qui remonte au XIIe siècle), c'est le moment où, la récolte étant rentrée et le matériel des vendanges nettoyé, révisé et rangé, il convient d'arracher les vignes devenues trop vieilles; leur durée d'exploitation moyenne s'élève à trente ans (en fait, 5 % de la surface d'un vignoble devrait toujours être en renouvellement). C'est aussi l'époque où l'on va dans la forêt chercher du bois de sapin pour les pieux de vignes (*Steeta*); autrefois, on lui préférait celui de châtaignier. Rabotés, taillés en pointe, ils seront trempés dans un bain de sulfate de cuivre, au printemps. A ces échalas traditionnels, certains préfèrent ceux en béton tout apprêtés, du moins pour l'extrémité des rangées, ou encore un modèle en fer galvanisé. L'alternative demande réflexion, car un hectare de vignes compte environ 5 000 pieds.

Les noms des rues rappellent que chaque village avait autrefois une huilerie, une tuilerie, un tonnelier, un forgeron, un ferblantier, etc., qui lui permettaient de vivre en quasi-autarcie. Comme jadis, plus d'un viticulteur chauffe encore sa demeure avec le bois de ses forêts. En revanche, il ne lui faut plus, comme naguère, rentrer avant les grands froids pommes de terre et betteraves, ou, plus loin dans le temps, litières de fougères, de bruyère

◄ *La chapelle Saint-André à Andlau. A flanc de coteau, la verticalité du clocher est complétée par celle des tuteurs de la vigne.*

et de feuilles mortes pour le bétail. En effet, si tous possédaient alors, selon le degré d'aisance, une ou plusieurs vaches, un bœuf ou un cheval de trait – deux parfois – aux noms sonores tels que Blüami, Schemmel, Starni, Bumri, Marquis (Fleur, Cheval blanc, Etoile, Costaud, Marquis...), et, en tout cas, cochons ou chèvres, lapins et poules, rares sont maintenant les étables et les écuries; à leur place ont été construits le plus souvent des locaux pour le matériel viticole. La vigne est devenue une monoculture.
Dans ce passé assez proche, qui se souvenait encore des histoires d'animaux ensorcelés du début du siècle, morceaux de choix des veillées autour du grand poêle de faïence familial, alimenté par les fagots de sarments ramassés l'année précédente dans les vignes? Qui savait encore pourquoi on appelait *Haxabasa* (balais de sorcières) les barres transversales, hérissées de pointes, aux soupiraux des caves?
Moins lointaine dans les mémoires, la tradition du lendemain de Noël. Le jour de la Saint-Etienne (veille de la Saint-Jean), traditionnellement jour férié en Alsace, à Gueberschwihr par exemple, enfants et jeunes gens, conscrits en tête, empilaient allégrement sur une hauteur dominant le village les nombreux fagots collectés avec ardeur, tout au long des rues et des venelles, à l'aide d'une charrette qui faisait un bruit du diable, en criant à pleins poumons : *Rawalla... Rawalla...* (fagots, fagots...); les villageois les leur jetaient par la lucarne du grenier; ils atterrissaient sur les pavés, dans un petit nuage de poussière salué par des « merci » joyeux... Qu'il pleuve ou qu'il neige, le grand feu était allumé le soir même et se voyait de très loin dans la plaine. Une année de misère, au siècle dernier, on sacrifia le feu, pour constituer la réserve de bois d'une pauvre veuve sans ressources.
Le 27 décembre, jour de la Saint-Jean, avait lieu la bénédiction du vin. A la messe du matin, toute famille de vignerons apportait « son » cruchon ou « sa » bouteille; une fois béni, un peu de ce vin était versé, méticuleusement, dans chaque tonneau. Les fêtes religieuses servaient alors de référence. Ainsi, le temps respectif des douze journées allant de la Saint-Etienne à l'Epiphanie (du 26 décembre au 6 janvier) préfigurait celui des mois correspondants de l'année nouvelle.
Actuellement, la vinification, la mise en bouteilles et l'expédition des commandes accaparent le viticulteur-récoltant. Il y a quelques décennies, hormis le labour d'hiver ou de buttage qui consiste à ramener avant les gelées une certaine quantité de terre près des souches, pour protéger les ceps, ameublir le sol, faciliter l'accumulation des pluies en profondeur et permettre l'enfouissement du fumier, cette période de l'année garantissait un certain répit. Notons que la charrue fut introduite dans le vignoble alsacien peu après 1900 seulement; on appelait alors *a Morga* (un matin) une surface de 24 ares, car c'était le temps nécessaire à son labourage.

... et l'hiver pose une surface neuve pour l'inscription des graffiti méticuleux qui n'ont rien d'un art minimal. ▶

La terre se reposait, les hommes et les animaux aussi. On ne sortait guère des maisons. Souvent, petits et grands cassaient des noix, destinées au pressoir à huile, abandonné depuis. Les femmes filaient; plus tard, elles tricotèrent et crochetèrent; les hommes distillaient.
L'activité par excellence de toute la famille, les après-midi et les soirées de cette saison, c'était l'apprêtage des rameaux de saule. Le plus âgé, donc le plus expérimenté en principe, divisait les tiges de saule à l'aide d'un fendeur à osier (*Wiedaspalter*) : il restait à les ramasser en petites et grandes bottes, qu'un adulte liait, avant de les empiler dans un recoin de la cave qui était alors humide car le sol en terre battue restait à nu. Au printemps, on les trempait dans un abreuvoir de pierre et, pour leur garder leur souplesse, on les enveloppait dans des sacs de toile de jute mouillés; ainsi, les tiges de saule les plus épaisses (*wieda*) pouvaient servir à attacher les plants aux échalas et les plus fines (*wiedla*) à fixer l'extrémité des sarments aux fils de fer de palissage (système adopté en 1905).
Les enfants participaient avec entrain à ce travail préparatoire. On leur accordait une friandise en fonction du nombre de bottes formées ou une piécette de monnaie qui servait, une fois sur deux, à acheter quelque sucrerie; ce qui revenait par conséquent au même. Surtout, ils écoutaient, passionnés, les récits de leurs aînés et les devinettes posées à leur intention sur un fait ou une famille du village. Tout le monde se connaissait par ses nom et prénom, et bien davantage.

Ces jeux sont sans doute tombés en désuétude, comme la tâche évoquée. A présent, la plupart achètent une fibre naturelle entourant un fil de métal souple, ou un lien en plastique PVC armé, à moins d'en préférer un autre, d'une matière « biodégradable »; on les vend par rouleaux. D'autres viticulteurs optent en faveur de petits crochets antirouille (clips), que l'on fixe sur le fil inférieur pour y faire glisser les sarments, ce qui suppose qu'ils aient une longueur suffisante. Les coûts respectifs varient, mais dépassent tous celui des tiges de saule.

A la Chandeleur, le 2 février, les travaux reprenaient dehors, comme l'atteste le dicton :

Liachtmass,
Spennevergass.
S'Radel henter d'Teer,
S'Ramasser herver.
La Chandeleur est arrivée.
Le rouet doit être rangé
Derrière la porte et oublié,
A la serpette de se montrer.

La serpette, à croissant de lune et manche en bois, principal outil du vigneron, est devenue son symbole au cours des siècles, comme en témoignent maints écussons au-dessus des portes cochères Renaissance et plus d'un verrou de fût sculpté. Dans la réalité quotidienne, le sécateur lui a succédé.

Commençait alors un travail délicat : la taille (*Schnieda*); il l'est resté, car de lui dépend toujours, pour une grande part, l'avenir des ceps et de la future récolte. C'est une entreprise de longue haleine, qui ne peut s'exécuter que manuellement. Le rythme? 60 pieds de vigne par heure; il faut donc deux mois à une personne pour 5 hectares. Un système de taille assistée a fait son apparition; mais, pour l'heure, l'équipement reste encombrant et bruyant.

Puis en une autre étape, le bois coupé est enlevé du pied (*awarissa*) et ramassé, en principe. Quand la vigne se cultivait encore en quenouille, les femmes devaient passer d'abord, pour couper les branches les plus basses (*uf lesa*). Les échalas atteignant alors plus de 3 m, l'usage d'un escabeau s'imposait; l'on n'avancait pas très vite mais il est vrai que la notion de rendement n'était pas encore à la mode. Maintenant, leur hauteur avoisine 2 m, différence qui reste cependant de taille avec le Midi, voire la

◀ *Les outils vignerons d'un autre âge sont là pour témoigner d'une civilisation (Musée Unterlinden, Colmar).*

Le village de Gueberschwihr : transition entre le coteau pentu et la plaine, espace de communication. ▶

Champagne. Autrefois, il n'existait pas de problème de main-d'œuvre. Les journaliers touchaient, en plus du boire et du manger, une rémunération fixée d'après la difficulté du travail et s'estimaient satisfaits. A l'époque, les villages ne subissaient pas encore les conséquences de l'exode rural. De nos jours, le conseil : « Taillez tôt, taillez tard, mais taillez en mars » apparaît un rien caduc; en effet, dès le début de l'hiver et malgré le froid ce travail est souvent bien engagé.
A la fourche répartissant le fumier s'est substitué l'épandeur. Il existe aussi des distributeurs d'engrais, là où la nature du terrain l'autorise. Mais celui qui force les doses peut compromettre la qualité au profit de la quantité. A la fin de l'hiver, on remplace les piquets défectueux (*stecka*), on rectifie les fils de fer de palissage au nombre de quatre ou cinq par rangée. Le premier est à « hauteur de genou »; le fil porteur à 1 m du sol environ. Tandis qu'on approche du printemps, comment oublier cette vieille mise en garde :

> *Un esch d'r Awrel noch so güat,*
> *Er schneit em Bür uf d'r Hüat.*
> Pour clément que soit avril,
> il n'en neige pas moins sur le chapeau du paysan.

Un premier cap difficile a été franchi quand il n'y a pas eu de froid trop brusque (la vigne aurait gelé dès –12 °C), ou encore trop long (les racines auraient fini par se dessécher, comme en 1960); un temps trop doux, suivi d'un brusque retour du froid, n'aurait pas entraîné d'issue positive non plus (comme en 1956). Quand les « yeux » gèlent, on les dit « aveugles ». Ce phénomène peut aussi se produire lorsque la récolte de l'année précédente, trop abondante, n'a pas laissé assez de réserves au cep ou encore quand il n'y a pas eu suffisamment de soleil au mois d'août.

Le printemps

« *Beaucoup de cigariers et de pucerons, dans les vignes* » (Chronique d'un vigneron, 1813.)

L'expression « poisson d'avril » avait peu cours en Alsace. Celui qui, par étourderie, n'avait pas flairé un piège, s'entendait par contre traiter de *awrela Narr* (fou d'avril); ainsi, le gamin chargé d'acheter un paquet de *Rabstacka Soma* (semence de piquets de vigne) par un farceur souvent plus âgé que lui, voyait, sitôt sa demande formulée, éclater de rire l'épicier et les clients présents. Parfois, on le consolait avec un bonbon ou un fruit.

Afin d'être assoupli, l'osier est mis à tremper dans la fontaine (ici, à Saint-Hippolyte) et des doigts habiles et prompts le lieront au sarment, le temps d'une année végétative. ▶

Peut-être, le jour même ou l'année suivante, s'empressait-il de jouer ce tour à un autre, perpétuant la tradition.
La vigne « pleure » : chaque extrémité de sarment taillé sécrète un peu de la sève montée. Souffrance? Vie!
Dans les vignes, on finit de ramasser les sarments coupés et de les brûler en gros tas; d'après la mémoire de certains, on ne manquait pas d'exécuter une part de cette corvée le vendredi saint, en signe de pénitence! Maintenant, on peut aussi réduire les sarments en courts fragments, grâce à un broyeur fixé à l'arrière du tracteur, alors qu'auparavant une herse relevable tirée par un cheval les traînait hors des rangées; mais il fallait suivre, courbé, et jeter bien vite dans la rangée voisine le bois restant, avant

que l'animal de trait ne parvienne à cette hauteur. Il arrive à présent que celui qui débarrasse les ceps des sarments superflus tire derrière lui un engin proche, par l'apparence, d'un « ready made » de Marcel Duchamp; il se compose de matériaux de récupération : à l'avant, une roue de bicyclette sans pneu; elle est reliée à une sorte d'armature de brouette métallique, surmontée d'une demi-citerne en tôle au fond percé de petits trous, qui recueille le bois mort de la vigne; on y met le feu et bientôt les cendres tombent à terre, d'elles-mêmes, au fur et à mesure. Par froidure et sans vent contraire, ce système semble apprécié.

Mais, tôt ou tard, le soleil apparaît. Le sol réchauffé permet la plantation des jeunes vignes qui ne produiront de récolte pleine qu'au bout de quatre ou cinq ans : investissement onéreux en main-d'œuvre, tourbe, pieux, fil de fer, plants et petits filets en plastique circulaires comme protection contre les lièvres. Jadis, chaque vigneron pratiquait le greffage; mais à présent, la plupart achètent leurs plants à des professionnels spécialisés. La composition du sol est vérifiée, aussi. La station de recherche de l'INRA (Institut national de la recherche agronomique) de Colmar y contribue. Les travaux, longtemps féminins par tradition, battent leur plein pendant quelques mois : l'attachage du cep (*abenda*) et le pliage des sarments (*biaga* ou *neder ziaga* – littéralement : tirer vers le bas), déjà évoqués. Les gestes se répètent à l'infini, sans jamais tout à fait se ressembler.

La physionomie du cep intervient, la direction naturelle des sarments, leur vigueur ou leur fragilité et leur longueur par rapport à l'écartement des fils de fer de palissage. Un muscat, par exemple, est plus difficile à manier qu'un riesling, car il a tendance à se briser en cas de geste brusque ou par temps sec; après la pluie, sa souplesse est accrue. Si l'on a croisé très bas les arcures de deux pieds voisins, les fruits auront-ils, en temps opportun, leur dû de soleil et d'air? Ne seront-ils pas plus vulnérables, en cas de précipitations répétées? D'aucuns en tireraient une parabole sur l'éducation, ses contraintes, ses aléas et son importance.

Au bout de quinze jours à un mois, les pleurs de la vigne cessent lorsque les bourgeons se développent; gewurztraminer, riesling, pinot blanc et gris ont un bourgeonnement cotonneux; le sylvaner, duveteux et le muscat ottonel, araéneux.

En avril-mai, la vigne se met à pousser. L'accroissement des jeunes pousses, par temps clément, peut atteindre jusqu'à 5 cm par jour; cette deuxième étape marquante doit être signalée, car les sorties de grappes, qu'on appelle aussi « la montre », se précisent; l'on peut déjà évaluer, au conditionnel, la récolte à venir.

◀ *Le palissage du cep est une opération importante grâce à laquelle le vignoble conserve son ordonnancement.*

Les subtiles variations du terrain s'expriment en couleurs naturelles. Ici, le vignoble du Hengst à Wintzenheim. ▶

D'abord, il faut ébourgeonner (*verbracha*), c'est-à-dire supprimer les gourmands sur la partie inférieure du pied de vigne, pour donner le plus de vitalité possible à celle du haut.
En mai, il convient de palisser (*hefta*) les pousses en grands bouquets souples afin de leur éviter de se rompre ou de s'emmêler. Des viticulteurs installent un système de doubles fils de fer, pour les y glisser. D'autres se servent d'une palisseuse montée à l'avant du tracteur.
Du côté masculin, les travaux qui requièrent force et endurance s'enchaînent : le labourage (*fahra*) et le piochage (*hacka*); car, après les gelées, a lieu le labour de débuttage ou de déchaussage, ou encore d'aération. Il appartient à la charrue, secondée par un treuil, si le terrain présente une déclivité importante (mais gare au glissement possible de la terre arable!), de retourner le sol entre les rangées larges de 1,20 m environ. Reste l'espace entre les souches que l'on décavaillonne à l'aide d'une charrue à ressort, visant à éliminer les mauvaises herbes naissantes et à exposer les larves d'insectes au froid. Autrefois, les journaliers ne possédant que quelques arpents de vigne louaient leurs services aux propriétaires plus importants. Quand sonnait l'angélus, à cinq heures, on leur servait le schnaps du matin; en cas de retard, rien! Puis, ils allaient piocher, par équipes entières, avec le vigneron embaucheur. Les angélus suivants rythmaient leur journée de travail, pour s'achever autour de la table familiale, le soir venu. Il y a belle lurette que s'est perdue la coutume matinale évoquée; les structures ont aussi changé à la campagne. Cependant, même si le viticulteur ne se lève plus forcément aux aurores, demandez-lui d'aventure combien d'heures de travail comporte sa semaine!
Les tulipes jaunes (*tulipan*, disaient les enfants) fleurissent dans les vignes, là où l'usage des désherbants ne les a pas éliminées; un problème de dosage? De choix, surtout, en faveur de la méthode radicale de « non-culture », c'est-à-dire d'unique recours aux désherbants chimiques, ou d'un maintien nuancé de la tradition. D'un côté, gain de temps, économies de main-d'œuvre et de traction mais maîtrise délicate de l'ensemble des phénomènes, de l'autre, les avantages et les inconvénients que l'on sait.
Les tâches printanières se poursuivent, une fois écartée ce qu'on nommait autrefois la menace des saints de glace (*g'ferrechti Issheiligi*) : Gervais, Pancrace et Boniface, les 12, 13 et 14 mai. La tradition rapporte qu'après des gelées néfastes, des paroissiens avaient, au cours d'une procession des rogations (instaurées dans la religion catholique pour attirer la bénédiction du ciel sur les cultures), jeté dans les buissons la statue de saint Urbain, le patron des vignerons. Selon une autre version, c'est dans la fontaine qu'aboutit la figure pieuse du saint : puisqu'il ne voulait pas donner de vin, qu'il se contente lui-même d'eau. Ailleurs, pour le punir, on le tourna face au mur, dans l'église.
Une autre fois, une procession cheminait d'un village à la localité voisine à travers les vignes et les ouailles priaient pour qu'il pleuve. Tout à coup, le ciel devint noir, des gouttes tombèrent, de plus en plus drues et, bientôt,

il se mit à grêler. Devant ce résultat, le porte-bannière, lâchant la hampe, s'écria : « Je vous avais bien dit d'arrêter de prier! »
Le 25 mai, jour de la Saint-Urbain, les vignes doivent étinceler dans le ban (*sella d'Rawa e d'r Ban schiena*); la couleur verte symbolise la vie et son éclat, il est vrai. Quand la vigne porte 15 ou 16 feuilles par « œil », la voilà prête à fleurir.
Pour le vigneron, le gewurztraminer a un feuillage sombre et un port aérien; le riesling un feuillage fin, clair et transparent. Pour le théoricien, selon le code de l'OVI (Office international des vins), les feuilles du gewurztraminer, vert foncé terne, sont trilobées; celles du muscat ottonel, vert clair terne, quinquelobées; du riesling, vert foncé terne aussi, entre les deux. Pinot blanc et pinot gris se caractérisent par le vert foncé brillant; le sylvaner, par le vert clair brillant, et tous les trois par les variantes de leurs feuilles, entières ou trilobées.
Avec juin, le mois de la floraison, qui a lieu six semaines après l'apparition des bourgeons, survient le troisième passage sensible, voire crucial, pour la

▲ *Ici, naissent spontanément les muscarines. Ailleurs, l'on voit les jaunes « tulipans »*

vigne et les viticulteurs. Un parfum, plus enivrant encore que celui des fleurs d'acacia ou de sureau, émane de la vigne. La température ne devrait guère être inférieure à 15 °C (de jour), sauf pour le riesling; sinon, il y a risque de coulure et chute des fleurs. Le muscat et le gewurztraminer sont les cépages les plus exposés. La nuit, surtout, le passage d'un vent du nord glacial ne pardonne pas. Les dates idéales pour la floraison? Du 11 au 24, fête de la Saint-Jean-Baptiste. Cent jours après, les raisins devraient être mûrs; mais si une période trop sèche a suivi, les grains resteront petits et s'amenuiseront sans mûrir.

Comme nous l'avons constaté, le vignoble reste à la merci des conditions climatiques. Il est aussi exposé, comme hier, aux parasites animaux ainsi qu'aux maladies cryptogamiques et à virus : elles ont pour noms mildiou, oïdium, pourriture grise (à ne pas confondre avec la « pourriture noble » liée à une surmaturation bénéfique, au moment de la vendange)... Mais à travers sulfatage, pulvérisation et poudrage, le viticulteur dispose de plus d'armes qu'autrefois et risque moins de voir sa récolte entièrement anéantie. Ceux qui sont nés au début du siècle se souviennent de temps très durs, lot inévitable et fréquent des vignerons d'alors...

Il existe différents traitements; le matériel s'est perfectionné : du soufflet,

▲ *Il y a deux générations, dans le vignoble, les traitements (poudrage insecticide par exemple) s'opéraient à pied et à la main.*

Ce ciel d'or qui semble veiller sur la vigne endormie se trouve, en fait, sur la plaine. C'est un champ de colza qui marque nettement la délimitation de l'AOC. ▶

puis du réservoir de 15 litres, à la sulfateuse individuelle à moteur portés à dos d'homme, on passa aux appareils fixés à l'arrière du tracteur ou, parfois, d'un hélicoptère. Les propriétaires des coteaux raides – qui furent laissés à l'abandon des années ou des décennies durant à cause des difficultés d'exploitation – y recourent. Le coût des opérations varie, évidemment. Les stations d'avertissements viticoles émettent des avis de traitements. Il semble qu'en raison de la hauteur des échalas et de la végétation, on ne pourra recourir aux « enjambeurs », utilisés en Bourgogne par exemple.

Sur le dosage des produits et la fréquence des traitements, il appartient à chaque viticulteur de choisir entre le minimum nécessaire et un maximum discutable, comme dans le cas des engrais azotés, phosphatés et potassiques, indispensables à l'équilibre du cep; c'est le souci de la mesure et du naturel qui devrait l'emporter. « La neige et le soleil sont les meilleurs aliments de la vigne », disait-on autrefois.

L'approche de l'été entraîne le rognage, activité surtout féminine, il y a peu de temps encore. Il s'agit de rendre les rangées nettes, en coupant

l'extrémité des branches de fin d'arcure, mais à une certaine distance des derniers raisins (*wepfla*), quitte à en profiter pour glisser, à la verticale, les principaux pampres entre les fils de palissage. Ainsi, air, lumière, chaleur et passage de l'homme et de la machine sont assurés.
Rappelons que le système de palissage sur cinq fils de fer donne, avec environ 15 000 m² par hectare de surface foliaire exposée à la lumière directe, des conditions de photosynthèse très satisfaisantes, comme le constataient P. Hugelin et J. Balthazard de l'INRA (Colmar).

L'été

D'r Jüli macht Wi.
Juillet fait le vin.

Jakowiraga
brengt ke Saga.
Pluie de Saint-Jacques
n'apporte pas de
bénédictions. (25 juillet)

Loranz Sunnaschin,
brengt viel un güata Win.
Soleil à la Saint-Laurent
vin bon et abondant. (10 août)

Raga an Bartholome,
tüet da Driwel weh.
Pluie à la Saint-Barthélemy
tort aux raisins. (24 août)

Wenn's an Aegidi ragent,
wura viel Matta net gmajt,
viel Acker net g'saït,
viel Driwel net zitig.
S'il pleut à la Saint-Gilles
bien des prés resteront non fauchés,
bien des champs non ensemencés,
bien des raisins n'arriveront pas à maturité. (1er septembre)

Ainsi air, lumière, chaleur et passage de l'homme et de la machine sont assurés. L'Alsace, comme tous les autres vignobles, a assimilé les leçons du progrès.

Mais l'homme reste omniprésent et c'est lui le génie ouvrier.

La science a su faire évoluer la viticulture dans le respect des traditions. ▶

Wia's Watter an Maria Geburt,
macht's noch viar Wucha furt.
Le temps qu'il fait le jour de la nativité de Marie
se prolonge quatre semaines. (8 septembre)

Une grande partie de l'été du vigneron se passait à moissonner les blés et à récolter les foins. A présent, dégagé de ces activités annexes, le viticulteur dispose de son temps et poursuit les tâches en cours dans ses vignes.
S'y ajoute l'effeuillage (*üshaja*), étape prenante et de longue haleine qui ne consiste pas, bien entendu, à dépouiller les pampres de leurs feuilles, indispensables à la survie du plant, mais à éviter leur foisonnement excessif et, par là, favoriser le développement des raisins. (Des traitements spécifiques permettent de lutter contre les maladies et les parasites susceptibles de détruire les feuilles, dès le printemps).
Pas une ombre de vacances estivales à l'horizon du viticulteur. A peine l'ensemble de ses vignes est-il effeuillé une première fois qu'il lui faut reprendre ce même travail à zéro, car la végétation continue de croître. En août, elle dépasse le fil de fer supérieur. Si l'on veut éviter qu'elle ne forme un véritable toit obstructeur, l'unique solution consiste donc à reparcourir les parcelles. Rangée après rangée, pied par pied, on décapite les rameaux à 10 cm environ du 5e fil, avec un sécateur ou une grande cisaille; là où l'absence de pente l'autorise, avec une écimeuse fixée au tracteur. La main de l'homme reste cependant irremplaçable, et sa capacité de réflexion aussi. Cette activité (*kepfa*) stimule le mûrissement des raisins. (Dans les chroniques tenues par les vignerons, l'on peut lire des phrases quelque peu étranges au premier abord, vu la tradition de désigner les parcelles par le prénom du propriétaire précédent : « Aujourd'hui, nous avons *décapité* Mélanie, Xavier, etc. »)
Le sol est biné (*g'riart*) ou désherbé; à nouveau, procédé naturel ou chimique s'offrent en alternative. « Deux binages valent un arrosage », disait le dicton à une époque où la main-d'œuvre ne manquait pas. L'été ne coïncidait pas encore avec un grand afflux touristique réclamant une présence fréquente à la cave. Il y a peu d'années, on n'écimait pas les vignes avant le 15 août. Ce jour-là, une procession solennelle traversait chaque bourg ou village viticole et le socle de la statue de la Vierge était entouré des premiers raisins mûrs du ban communal; il s'agissait du fruit de vieux plants, interdits depuis, dont l'unique qualité était la précocité.
P. Hugelin définit la véraison comme le passage du vert opaque au vert translucide chez les variétés à baies vertes et le début de la pigmentation caractéristique chez les raisins colorés (pinot gris ou noir, gewurztraminer, muscat vrai). A mesure que les grappes mûrissent, on voit les sarments perdre leur teinte verte et devenir ligneux. Cette maturation progressive des sarments s'appelle l'aoûtement.
Un bon été pour la vigne doit être chaud et sec : « Une heure de pluie, pour dix heures de soleil, a-t-on coutume de dire. Et surtout pas de grêle. » Ne

vous étonnez pas trop si d'aucuns insinuent que les viticulteurs avoueront rarement une satisfaction non mitigée, sur ce plan.

Comment prévoir le temps du lendemain? Quand les montagnes et la forêt paraissent proches, il pleuvra. Le ciel rougeoie-t-il vers le soir (*Owarot*)? Il fera beau, à condition que ce soit une certaine teinte.

Le viticulteur prend-il encore un peu de sa journée pour répondre à l'invite d'un confrère, à l'image de ses ancêtres hélés depuis le pas d'une porte et qui entraient dans une cave peut-être mal éclairée, mais ouverte, où l'on attendait leur avis sur tel vin ou tel travail? La scène suivante pourrait-elle se dérouler de nos jours? A l'issue d'élections locales, l'un des candidats s'exclama avec un humour involontaire, sans doute : « Treize ont bu dans ma cave, et je n'ai que neuf voix! »

Le lien privilégié que le vigneron entretenait jadis avec la terre subsiste-t-il à l'heure où les nouvelles méthodes culturales impliquent des machines de plus en plus nombreuses, onéreuses et omniprésentes et où l'objectif du rendement s'impose, en particulier aux vendeurs de raisins, du moins aussi longtemps que les critères de qualité ne l'auront pas emporté sur le seul critère de la quantité? Ce tableau un peu sombre rappelle que, par endroits, certains engrenages risquent d'estomper les aspects positifs indéniables du progrès. La sélection clonale, par exemple, a parfois abouti à sélectionner

▲ *Comment prévoir le temps du lendemain? Quand les montagnes et la forêt paraissent proches, il pleuvra. Riquewihr.*

Vendanges. C'est, avant la fête finale, le temps d'un dur labeur... qui est aussi l'inquiète récompense d'une année. ▶

des types de cépages particulièrement productifs. En tout cas, celui qui cultiverait la vigne comme s'il s'agissait de dizaines d'hectares de n'importe quoi ferait fausse route.

Peu à peu, les feuilles vont changer de couleur et donner leurs réserves au cep pour les bourgeons de l'année suivante; les fruits à venir y « dorment » déjà. L'été touche à sa fin. Les vignes portent leur poids de grappes patiemment, fièrement; quand le temps se montre clément, la récolte peut passer du simple au double d'une année à l'autre.

Vient le moment le plus attendu, le plus connu et le plus apprécié avec son cortège de charges et de soucis; surtout quand la nature, répondant à l'homme, montre ses meilleurs aspects en une récolte belle, saine et abondante.

L'automne

C'est la maturation lente et prolongée, caractéristique du climat relativement tempéré de l'Alsace, qui permet l'expression totale du potentiel aromatique des cépages. La température des mois de septembre et d'octobre joue un rôle important; combien d'années incertaines ont été sauvées par une belle arrière-saison!

▲ *Cordial pour les travaux et les jours de froidure en particulier, et vin du Saint-Sacrifice : voilà qui explique l'importance des vignes monacales et paroissiales!*

La charrette s'est immobilisée... comme la pendule du grand-père. Le vigneron d'ici et d'ailleurs aime bien récupérer ainsi son histoire. ▶

Une très vieille complainte de vigneron reflète l'incertitude perpétuelle liée à son métier, jusqu'au seuil des vendanges :

> « *Ha g'meint i ha Rawa,*
> *vu Triwel so voll;*
> *s'esch a Riffe drewer gange*
> *un d'Spatza han si g'holt.* »
> Je croyais avoir des vignes
> croulant sous le poids des grappes;
> mais il a gelé,
> et les moineaux les ont mangées.

De nos jours, filets jaunes et longs rubans blancs en plastique, entortillés, effarouchent les nuées d'étourneaux qu'attirent les fruits mûrs.
L'heure est venue pour le vigneron de parcourir ses terres, le réfractomètre en bandoulière, pour mesurer la densité du moût et donc le degré alcoolique potentiel; résultat qui peut être affiné, à partir d'un échantillonnage de cent baies, que l'on sait aussi exact qu'un échantillonnage du même nombre de grappes...

> *Micheli Win,*
> *Herre Win.*
> Vin de Saint-Michel,
> Vin des seigneurs (le 29 septembre),

déclarait le dicton, signifiant sans doute qu'une maturité précoce était de bon augure.
Cuves, hottes, seaux, sécateurs, pressoirs, tracteurs et remorques ont subi une révision en règle. Une dizaine ou une vingtaine de vendangeurs formeront l'équipe de travail. Les vendanges idéales débutent en octobre; entre novembre et décembre pour les vendanges tardives et la sélection de grains nobles. Autrefois, chaque conseil municipal choisissait leur date d'ouverture; précédé de sa clochette agitée avec force, le garde champêtre en informait les villageois, à chaque angle de rue. Depuis 1971, un comité régional d'experts fixe le jour à partir duquel la récolte peut commencer. Que d'expressions typiques pour saluer cet événement! Un synonyme du mot vin se passe d'explication : *Oktower Tee* (tisane ou thé d'octobre). Une invention verbale désignant une farce réservée aux vendangeurs novices : *d'Drot Schar hôla* (chercher les ciseaux du pressoir), demande quelque éclaircissement. A la nuit tombée, un des jeunes vendangeurs était chargé de rapporter, de l'autre bout du village, un lourd sac en toile de jute hermétiquement fermé, censé contenir un outil utile au pressurage des raisins. Lorsqu'il arrivait à bon port, suant et soufflant, entouré d'une joyeuse escorte, il découvrait, au milieu des éclats de rire accompagnant l'ouverture du sac, les objets les plus hétéroclites, tous plus pesants et plus

bruyants les uns que les autres : vieilles casseroles, bouts de ferraille, etc. La victime oubliait bientôt sa déconvenue et l'épisode se terminait dans la bonne humeur, devant les tonneaux de la cave, un verre bien rempli à la main, une fois le raisin du jour pressé.

Le vieux pressoir à levier (*Baujmtrott*) a cédé la place au pressoir à vis en bois (*Holzspendeltrott*), puis à vis en acier, enfin, au pressoir électrique avec refouloir, égrappeuse, parfois centrifugeuse, et au pressoir pneumatique, comme les cuveaux en bois disparaissent au profit de ceux en plastique, ou des bennes en acier émaillé ou inoxydable.

Quel que soit le matériel pour le pressurage, c'est la méthode douce qui recueille le suffrage des meilleures maisons; l'accent est mis aussi sur la propreté rigoureuse.

Peut-être prenait-on davantage le temps de se jouer des tours malicieux lors des pauses ou pendant la soirée, à l'époque où une moindre superficie permettait de vivre à une famille, où le rythme de travail, le coût de l'hébergement, des repas, des assurances et la rémunération proprement dite pesaient moins qu'aujourd'hui?

Du côté des vendangeurs, l'habitude des efforts physiques et de la vie en plein air a son importance. Une coutume parmi d'autres semble perdue; elle ne brillait pas spécialement par la douceur, puisqu'elle consistait à frotter et à écraser par surprise des baies de raisin sur le visage ou dans la

▲ *Les raisins sont une matière première dont la qualité déterminera celle du vin. Mais la cueillette n'est qu'une étape jusqu'au produit fini.*

nuque d'une vendangeuse, le plus souvent. C'était un tour des hottiers, surtout. Son nom, évocateur, se traduit littéralement par un barbarisme : « ensavonner » (*i'saïfa*).

Mais il arrive encore, au dernier jour des vendanges, que soit décoré le cortège du retour : véhicules et cuveaux sont ornés de pampres dressés et les vendangeurs se couronnent de sarments aux feuilles vives, eux aussi. Chants, rires et cris, une ultime fois. Des fusées, destinées auparavant à effaroucher les grives et les étourneaux, saluent la récolte rentrée. L'un ou l'autre des vendangeurs occasionnels se souviendra-t-il de ces journées

peut-être dures, sur une pente rude, où les grappes et les feuilles sont couleur d'or? Ils ont parlé, bavardé, écouté, chanté et ils se sont tus, quand, légèrement courbés, au gré des ceps et de l'inclinaison du sol, dominant les brumes de la plaine, ils connaissaient déjà le soleil du matin... Peut-être leur a-t-il fallu patiemment prendre le meilleur des grappes, car les crus les plus accomplis exigent une sélection sévère.
Ici et là, on teste des machines à vendanger de la taille d'une moissonneuse-batteuse, sur des terrains plutôt plats. L'âme des vendanges se perdra-t-elle, tôt ou tard, dans le fracas des machines?

Une autre histoire commence, celle de la vinification.
Disons simplement que la fermentation malolactique ne semble pas idéale pour le fruité des vins d'Alsace et que partisans et opposants de la préfiltration sur plaque alluvionnaire, par exemple, se bornent à appliquer la méthode de leur choix, sans s'affronter; de même pour la filtration finale, sur plaques de cellulose ou encore par cartouches. Primauté à l'œnologie, avec les fourches caudines d'un équilibre standard entre sucre, acidité et alcool? Primauté à la tradition? Ou libre-échange?
Il n'en reste pas moins qu'un vin authentique reflète le travail bien fait de l'homme et son respect de la nature. N'oublions pas qu'il est une matière vivante et garde par conséquent une part de mystère et d'imprévisibilité. Il peut arriver, même aux meilleurs vignerons, de moins réussir un vin ou un millésime. Les jugements définitifs pourraient nous priver des belles surprises à venir. Parfois, il faut savoir être patient. Ne dit-on pas qu'un grand vin a plusieurs vies? Il n'y a que les boissons industrielles qui soient invariables. « Ce qui est émouvant, dans un vin, c'est que jamais un autre ne lui sera tout à fait semblable » (Gabrielle Marquet). Chaque année ne saurait produire « le vin du siècle », car il est à l'image du temps, pour commencer. Mais il peut toujours être honnête, selon la main et l'esprit de celui qui le produit.
Des foudres en chêne ou en inox, selon l'étape à parcourir, une haute ou une profonde cave à l'abri d'épais murs de pierres séculaires et l'ombre paisible d'un clocher roman ou gothique veillent sur le fruit des vignes enracinées dans un terroir riche de passé, là où se conjuguent don, savoir-faire et effort.

◄ *L'Alsace a su conserver des modèles exemplaires de son artisanat viticole (Musée Unterlinden, Colmar).*

Cépages et mets

Du vin comme remède

Il me reste un souvenir d'enfance précis, lié aux jours d'hiver où il gelait à pierre fendre; mon père se rendait alors, selon la coutume villageoise, au chevet de quelque voisin alité, emportant précieusement une bouteille de vin vieux : survivance des temps plus anciens où le vin de paille, « liqueur incomparable », aurait eu le pouvoir de ramener quelqu'un « de trépas à vie »?

Des siècles durant, le vin, considéré comme un médicament, était alloué aux malades en importantes rations et les préceptes des calendriers d'hygiène du Moyen Age font état de ses vertus curatives, en des termes souvent chargés de poésie qui, parfois, laissent songeurs. Ainsi, dans le manuscrit original le plus précieux conservé en Alsace, le *Codex Guta-Sintram*, daté de 1154, « vermillonné et enluminé » par le moine Sintram du monastère de Marbach et rédigé en latin médiéval par la chanoinesse Guta, de Schwarzenthann, il était conseillé, pour janvier :

« En mes jours bois à jeun quotidiennement une demi-livre de vin, bois du gingembre et du rhapontic, prends l'électuaire et la potion contre les suffocations. Ne fais pas de saignée en raison du grand froid, car le corps est nourri par la chaleur du sang. » En juin, il était conseillé à tout un chacun de boire des « fleurs de vigne », mais « pas de bière, de cidre et d'hydromel », « à moins qu'ils ne soient récemment préparés », est-il ajouté pour août; en revanche, en mars, le précepte : « En mes jours mange des mets sucrés, bois à jeun du pouliot clairet, mange des racines de radis confites et bois de la décoction d'aigremoine; use de bains chauds secs, ne fais pas de saignée, que la potion soit de rue et de livêche, de pimprenelle et bétoine avec du miel », témoigne de la tradition bien ancrée des vins aromatiques, épicés, sucrés ou miellés. Par exemple, le clarry ou claret (*vinum claretum* ou

◄ *Vignoble de Saint-Hippolyte au pied du Haut-Koenigsbourg. Savez-vous que le gewurztraminer peut contenir près de 500 constituants aromatiques?*

Lautertrank), qui était un vin blanc ou rouge épicé et adouci par adjonction de sucre. On prenait les meilleurs vins pour cette préparation, selon un document de 1224 concernant les seigneurs du chapitre de la cathédrale de Strasbourg. On en servait pour récompenser certains services ou pour honorer un invité, comme le signale le chanoine M. Barth.
Au XVe siècle, le célèbre prédicateur de cette même cathédrale, Geiler de Kaysersberg, qui ne négligeait pas humour et images savoureuses, utilisa maintes métaphores viniques. Ainsi, en 1494 : « Mélange un gobelet de vin et un gobelet d'eau; ce n'est plus du vin, pas plus que de l'eau... c'est de la piquette! » Plus gravement, il comparait l'âme à une coupe que doivent remplir « la malvoisie et le clarêt de l'éternelle béatitude »...
A la même époque, en souvenir du célèbre médecin grec, existait l'« hippocrate », obtenu de la sorte : à 50 mesures de vin, on ajoutait 24 livres de sucre (alors très cher), autant de miel, 2 livres de cannelle, un quart de livre de cardamone et de clous de girofle, quelques onces de gingembre et un peu d'anis.
Au siècle suivant, dans ses *Litanies de l'ivresse*, intraduisibles mais évocatrices par le seul jeu de leurs sonorités, Fischart, souvent nommé le Rabelais alsacien, écrivait : « O Räppis, O Rebenbiss, der biss! Jung, schenk als ein, Klöpff die Kann, ein frischen! »
Comment se composait cette boisson? Au fond d'un tonneau, sur un lit de copeaux de noisetier, on mettait des baies de raisin, des raisins secs et de Corinthe, de la muscade, des fleurs de muscat, de la cannelle et d'autres épices encore. On versait sur le tout du vin vieux, puis on laissait reposer jusqu'au nouvel an, où on procédait au soutirage. Il arrivait aussi qu'un sachet d'épices soit suspendu dans le tonneau.
Autre variante : du vin chauffé, mais non bouilli, avec du sucre et de l'aspérule odorante qu'on laissait infuser 12 heures environ, avant de le mettre en bouteille; maux de bouche et d'estomac s'en trouvaient soulagés (*sic*).
Dans d'autres recettes entraient des « graines de paradis »; au XVIIIe siècle, sont mentionnés à Marbach du vin de vermouth, de sureau et de coing.

Ce que le vin doit être et ne pas être

Du temps de Fischart, un jeu de mots latin « C.O.S. » (*Color – Odor – Sapor*) définissait les principales qualités de tout bon vin : couleur, odeur et saveur devaient en être agréables; une fois pour toutes, les étapes de la dégustation se trouvaient fixées tandis que, tout aussi définitivement, avaient été fustigés dans la fameuse *Nef des fous* de Sébastian Brant ceux qui altéraient le vin :

◀ *Malgré les avantages techniques apportés par les cuves en acier inoxydable, l'Alsace reste attachée à la vieille tradition des foudres de chêne (Musée Unterlinden, Colmar).*

« Au lieu de laisser le vin être lui-même,
Certains le transforment de toutes les façons :
Salpêtre, soufre, pastel, poudre d'os,
Moutarde, lait et plantes en tous genres,
Sont introduits dans le tonneau »...

Des édits interdirent toute falsification de la nature. Se réclamant du « Romain Pline », d'aucuns condamnaient également le mélange de plusieurs vins et concluaient : « Est le plus sain, le vin sans rajout. »
Adeptes des cépages et de leur profonde individualité, voilà des propos que nous ne saurions désavouer et dont l'hymne au muscat, de Fischart, représente une émouvante illustration, en 1570! Avant lui, Bock (1498-1554) évoquait « ce cépage qui pousse aux endroits chauds », et aussi le traminer. Après la guerre de Trente Ans, apparaît le riesling et, en 1750, le tokay sous sa forme actuelle. Ils trouvent leur couronnement dans les Vendanges tardives, Sélection de grains nobles et Grands Crus, qui se doivent d'être le « vinum nobile et preciosum » du xxe siècle. N'en mésusons pas, car ils sont fruits du soleil et de l'homme, fol et sage, qui cultive inlassablement notre terre d'Alsace.

Les cépages

Savez-vous que le gewurztraminer (composé des termes : épices et traminer – de la ville italienne Tramin) peut contenir près de 500 constituants aromatiques? L'acacia, s'il provient d'un sol calcaire, l'ananas, s'il est de vendanges tardives, la rose, la violette, le litchi et le géranium n'en représentent qu'un faible échantillonnage.
Pour le tokay-pinot gris, ce sont la violette, le citron et l'acacia, signes de jeunesse, ou le miel, signe de maturité. Ce cépage (connu sous le nom de tokay gris ou pinot cendré, au siècle dernier), qui semble identique au beurot de Bourgogne, n'a rien à voir avec le vin apprécié par Lazare de Schwendi lorsqu'il aida la maison d'Autriche à délivrer des Turcs la ville de Tokay; il s'agissait du furmint, le pinot gris n'existant pas en Hongrie au xvie siècle. Mais la légende du baron acclimatant, une fois revenu dans ses terres, les sarments prélevés au loin était si belle qu'elle aurait mérité qu'on laissât à cette province l'usage du « tokay d'Alsace » et à Kientzheim la satisfaction d'en être le berceau... Pour empêcher le règlement n° 2337/84, aurait-il fallu mettre à sac quelque sous-préfecture, prendre d'assaut un ministère ou en otage un édile européen, s'interroge un viticulteur perplexe? Peut-être le nom « Tokayer Gris », qui allie le charme du dialecte à la précision de la langue, pourrait-il concilier impératifs viticoles et juridiques à grande échelle?
Le riesling, autre cépage noble, contient 150 constituants aromatiques. Les plus caractéristiques seraient le tilleul, l'ananas et le coing en vieillissant, le citron et l'acacia chez les vins jeunes, le miel dans les grands millésimes et surtout le fameux pétrole ou goût de fossiles, marque des sols calcaires

ou des vieilles vignes. Au XIXᵉ siècle, on distinguait le grand et le petit riesling ou gentil aromatique. En fait, *gross* ou *klein Rauschling* viendraient de *Rausch* (la fumée), nom suggestif à rapprocher, nous dit Gérard Barbier, de l'« enfumé » du Jura.

Dernier cépage noble, le muscat : on distingue le muscat « vrai », blanc ou rose, à maturité assez tardive, très aromatique, mais très capricieux et, « le complétant admirablement, selon Serge Dubs, plus discret mais plus régulier », le muscat ottonel qui semble issu d'un semis obtenu par Moreau-Robert, à Angers, en 1852. Ses arômes? L'acacia, toujours lié aux sols calcaires, le bois de rose ou le géranium. « Arrive-t-il aussi qu'il ait tout simplement le goût du raisin? » demanda, le sourire aux lèvres, un amateur de la fraîcheur musquée du muscat, qui donne l'impression de croquer un de ses grains. Bien entendu, mon cher Watson!... Et encore, nous n'avons

Davantage encore que par les feuilles, c'est par la morphologie des grappes (et leur couleur) que les cépages se différencient. A gauche : pinot blanc; à droite : muscat d'Alsace.

cité là que des arômes primaires. A vous de déceler les arômes secondaires et tertiaires, soit le verre à la main, soit, pour vous entraîner, le nez sur les flacons inventés par Jean Lenoir (*Le nez du vin*).

Ajoutons tout de même, sans nous attarder au sylvaner et au pinot blanc, que le pinot noir, provenant de Bourgogne, évoque la framboise.

Le plaisir de humer un vin peut être infini, mais *in fine*, n'oublions pas de le boire!

Chaque cépage a son individualité, sa richesse. Les bourgeons, les feuilles, le bois, les raisins, le rythme de maturation, le sol adéquat, tout les distingue, au point qu'il y a, entre un riesling et un gewurztraminer, autant de différences qu'entre un vin rouge et un vin blanc, pour reprendre la formule de Jean-Louis Vezien. Voilà pourquoi il serait aussi absurde de supprimer un cépage alsacien que d'enlever un jour à la semaine, sous prétexte qu'il en resterait toujours six!

D'autres rêvent d'un *melting pot* qui gommerait différences de terroir, de rendement et de millésime. Ils hésitent devant les tâches décuplées par le nombre de cuvées à vinifier (sept cépages, donc sept tonneaux de base, plus

quatre cuvées de Grands Crus, plus x cuvées de Vendanges tardives et Sélection de grains nobles, à multiplier par le nombre de terroirs différents, le cas échéant)...
Si certains reprochent aux cépages leurs noms aux consonances « étrangères, imprononçables par les Français de l'intérieur ou par les Anglo-Saxons » (mais qui, mieux que Patricia Gallagher et Hugh Johnson, prononcent gewurztraminer sans l'ombre d'un accent?), il suffit que les Alsaciens les leur disent avec plaisir et foi, conscients de leur richesse... Nous vivons à l'heure mondiale, que diable! Le monde d'ailleurs les apprécie déjà, au-delà de l'Europe. Les Etats-Unis, le Canada et le Japon ne se placent-ils pas parmi leurs principaux amateurs?

*

Qui était à même de décrire les accords classiques ou modernes des mets et des vins, sinon les chefs et les sommeliers des meilleurs restaurants du Haut-Rhin et du Bas-Rhin? Il aurait fallu plus de sept cépages pour les consulter tous, car la carte des adresses gourmandes est presque aussi dense que celle du Tendre, au pays de « l'Alsace heureuse », saluée par Gilles Pudlowski. Ces guides nous remettent en mémoire que, petite musique ou symphonie, il n'est pas de sot vin, à partir du moment où il répond aux caractères de son cépage. Qu'ils ne s'en offusquent pas si pour les suivre nous entrons dans leurs maisons qui valent bien le détour!

Le muscat

L'Auberge de l'Ill, Illhauesern

Ni sucré, ni doux, ni liquoreux, mais frais, fruité et sec, le muscat d'Alsace est, selon Serge Dubs, un vin qui se mérite... Comme *L'Auberge de l'Ill*, dont il est le sommelier parfait (Meilleur Sommelier du monde 1989), serait-on tenté d'ajouter en voyant des voitures de toutes nationalités converger vers le plus célèbre des restaurants alsaciens, en ce début d'après-midi de printemps. On ne présente plus Jean-Pierre Haeberlin et son frère Paul, et pas davantage leur sommelier, tant ces noms évoquent l'idée même de courtoisie et de gastronomie; de goût aussi, à en juger par l'impression d'unité profonde qui émane de la belle entrée. Jean-Pierre n'est-il pas artiste-peintre aussi?
Si Serge Dubs a choisi le muscat, c'est pour sa délicatesse, sa franchise et son caractère. Séduit par son arôme unique, très expressif, « qui charme ou qui dérange, mais ne laisse pas indifférent », il voit en lui le cru qui peut être dégusté à tout moment de la journée, pour la soif ou le plaisir; l'entrée

◄ *Quand l'arrière-saison est favorable, le vigneron pratique les « vendanges tardives », pour obtenir une surmaturité qui combine les effets du passerillage et de la pourriture noble.*

en matière idéale pour un repas gastronomique où seront servis plusieurs vins. Après le prélude, quelques accords classiques, puisque le muscat accompagne à merveille :
- les asperges fraîches;
- les plats légèrement relevés qui gagneront à son coulant et à son fruit.
Plus audacieuses, les alliances du muscat avec le foie gras; ou, à la mesure de *L'Auberge de l'Ill*, avec les plats exotiques : cuisine chinoise, mexicaine et pakistanaise, dont les épices mettent en valeur son arôme. Sur le clocher voisin, une cigogne craquette, comme dans les plus belles pages de Hansi. Les convives l'ont oubliée, tout à leur bonheur d'apprécier le savoir-faire et le savoir-être extrêmes des maîtres de cette maison du bord de l'eau.

Le sylvaner
Aux Armes de France, Ammerschwihr

François, le plus jeune des Gärtner, est venu rejoindre après son tour de France son frère Philippe derrière les fourneaux d'une maison rendue célèbre par leur père. Devant le paysage de Zuber qui se fond dans les tons gris-blanc de l'entrée, au 1er étage, il nous parle de soufflés à l'aspérule odorante (*Waldmeister*), à la reine des bois et aux bourgeons de sapins, de beignets de fleurs de sureaux et d'acacias, inspirés des recettes de leur mère. En amuse-gueule : de petites brioches salées, dorées comme des bretzels, mais tendres à plaisir...
Le sylvaner? Très sec – ouvert, mais jamais rond; jeune, vert, mais pas trop, très nerveux... gouleyant. Plutôt que de l'utiliser en cuisine, Philippe préfère le boire, mais pas à la sauvette! Il le conseille :
- avec une salade de choucroute crue et de harengs marinés; l'assaisonnement du hareng suffit à relever cette entrée;
- avec les poissons marinés, tel le saumon en marinade légère;
- avec les plateaux de fruits de mer;
- avec la charcuterie;
- avec les salades composées : assaisonnement à base de vinaigre, cette fois.
Règle d'or : pour bien déguster un vin, il faut de la tranquillité. Ne pas aller à la cave après s'être brossé les dents (même avec un dentifrice à la reine des bois). Ne comparer que ce qui est comparable. Sur le menu, une scène de vendanges d'une année mémorable : 1959. Martin Gärtner, leur grand-père vigneron (même si son nom signifie « jardinier »), en est la figure centrale. *Aux Armes de France*, on est soucieux de la tradition.

L'art de vivre en Alsace s'appuie sur une tradition gastronomique de grand prestige. De gauche à droite et de haut en bas : les frères Gärtner (Aux Armes de France) *à Ammerschwihr; J.-P. Haeberlin et son sommelier Serge Dubs* (Auberge de l'Ill) *à Illhauesern; Patrick Fulgraff* (Le Fer Rouge) *à Colmar; Antoine Westermann* (Le Buerehiesel) *à Strasbourg; Emile Jung* (Le Crocodile) *à Strasbourg; l'équipe première d'Adidas* (Auberge du Kochersberg) *à Landersheim; Daniel Dalibert, son fils Stéphane et Jean-Marc Burg* (Château d'Isenbourg) *à Rouffach.* ▶

ARCHIVES

Le riesling
Le Château d'Isenbourg, Rouffach

Les tours solides et la vaste terrasse d'Isenbourg surplombent les vignes et l'antique cité de Rouffach, offrant une vue sur la plaine d'Alsace, la Forêt-Noire, le Jura et les Alpes suisses, qui doit consoler Daniel Dalibert d'avoir été daltonien, alors qu'il se destinait à la marine marchande... Un capitaine au long cours a vécu, mais le seul relais-château-hôtel d'Alsace a trouvé un directeur à sa mesure.
L'un de ses jeunes collaborateurs, Philippe Nusswitz (qui depuis a choisi New York), n'a-t-il pas obtenu le titre de « meilleur sommelier international en vins et spiritueux français », et le restaurant *Les Tommeries* une étoile au Michelin?
C'est avec beaucoup d'allant que Daniel Dalibert, son fils Stéphane et le sommelier, Jean-Marc Burg, ont proposé les mariages suivants avec le riesling :
– la choucroute, la tourte vigneronne, le coq au riesling, une fricassée de Bresse à la menthe avec un riesling plutôt rond, aux arômes anisés-réglissés-mentholés, mais aussi les cuisses de grenouilles aux fèves, le velouté d'escargots à la languedocienne parfumé au basilic;
– la matelote de l'Ill;
– tous les poissons d'eau douce et, plus particulièrement, la truite au bleu.
S'il est d'une grande origine :
– le poisson en sauce crémée, tel le sandre à la crème.
Mais aussi :
– les huîtres; on retiendra alors un vin très sec, citronné, avec des notes minérales;
– la noix de Saint-Jacques avec un riesling de vendanges tardives pour envelopper le rôti légèrement doux de la noix.
Ou encore sur :
– une aile de raie au beurre nantais, un riesling vif et citronné;
– une vessie de bar à la vapeur d'algues et nage de coquillages, un riesling sec, nerveux, aux arômes de fossiles;
– le saumon fumé, un riesling très sec, aux arômes fumés.
Enfin ce vin conviendra à chacun avec les filets de daurade au jus de fenouil, le saumon à l'oseille, le rouget-barbet et les huîtres au céleri-branche...
Si un opuscule signale qu'entre le IXe et le XVe siècle, « Charlemagne, Charles le Simple, Henri V empereur d'Allemagne, le duc René de Lorraine, l'empereur Frédéric, son fils Maximilien et Zem Sissim, le frère du Sultan », séjournèrent au château d'Isenbourg, il était légitime qu'en 1974 on en fît une des « grandes étapes françaises ».

◄ *Oriel de l'Hôtel de Ville à Obernai.*

Le gewurztraminer
L'Auberge du Kochersberg, Landersheim

A l'ancien relais de chasse du Moulin du Kochersberg a été ajouté, en 1975, un colombier; l'entrée en trompe l'œil mène au salon « Strasbourg », dont les boiseries sombres en loupes de noyer séculaire contrastent avec les baies vitrées inondées de lumière donnant sur la campagne environnante.
Cette halte paisible et raffinée, qui appartient à l'entreprise Adidas, a été conçue dans l'esprit de son fondateur, Horst Dassler, pour accueillir une clientèle internationale. Placée sous le signe du sport et de la culture régionale, elle comprend aussi bien un sauna et une salle d'entraînement qu'une reconstitution de Winstub inspirée du Musée alsacien.
Au rez-de-chaussée, une des salles à manger, immense, sert de « cantine » (de luxe) au personnel d'Adidas. Après ce premier service, à partir de 13 h, elle est ouverte aux gastronomes de France et de Navarre. La seconde salle, moins spacieuse, évoque une belle table d'hôte de notable alsacien du temps jadis.
Au bas des marches, les vers de Baudelaire : « Un soir l'âme du vin chantait dans les bouteilles – Un chant plein de lumière et de fraternité », rappellent qu'Adidas possède la sixième cave privée française. Une forme de mécénat parmi d'autres...
Les sommeliers Jean-Marc Siebenschuh, Philippe Moser et Patrick Klipfel (maître ès cuisine et « surintendant ») ont choisi le gewurztraminer aux mariages subtils et somptueux.
A côté de son image familière de vin de réception avec kugelhof et canapés quel que soit le moment de la journée, le gewurztraminer peut aussi accompagner un repas complet, à condition de bien doser la force des vins!
– Si d'aucuns préfèrent un gewurztraminer de Vendanges tardives en apéritif, le Kochersberg sert plutôt un gewurztraminer jeune, car débuter avec le haut de gamme rend la suite escarpée... Toutefois, avec le foie gras frais ou poêlé, ou les pâtés chauds « à la Claustre », un gewurztraminer de Vendanges tardives reste le roi.
– Le saumon fumé roulé, par exemple, avec une mousseline de bigorneaux et de raifort, demande un vin plus léger; tout comme les poissons, de la sole pochée au merlan accompagné d'un coulis de tomate. De même, avec les médaillons de veau et le foie poêlé, qu'on relèvera d'un soupçon d'amertume avec des endives...
– Un gewurztraminer plus corsé s'impose naturellement avec les cuisines exotiques, au curry en particulier.
– C'est le vin idéal sur les fromages, spécialement ceux au goût prononcé, tels munster et roquefort.

Dans les régions de haute civilisation, la satisfaction de l'œil accompagne celle du goût (colombages sur crépi bleu à Ribeauvillé). ▶

– Gewurztraminer vieux ou de Vendanges tardives sont recommandés avec les desserts, à commencer par les innombrables tartes alsaciennes. Le chocolat est plus délicat à marier.
– En Sélection de grains nobles, il couronne un repas, ou un moment parfait.
Et pourquoi ne pas essayer, à 16 h, le goûter de nos grands-parents. C'est la « madeleine » de Patrick Klipfel : un mélange de munster écrasé avec de la crème fraîche et de la ciboulette, sur une bonne tranche de pain de campagne, avec un verre de gewurztraminer, bien sûr!

Le tokay - pinot gris
Le Fer Rouge, Colmar

Trois joyeux compères chantent à tue-tête, réveillant un quartier endormi, après une partie de cartes sans doute bien arrosée, tandis que la silhouette noire de gardiens de l'ordre public se dessine, en face de l'ancienne douane de « Colmar-en-France », comme le précise le pinceau patriotique de Hansi.

Mis à part ses étapes gourmandes, l'Alsace viticole est très riche en sites touristiques au pittoresque maintes fois représenté dans les livres d'images mais toujours animé de fleurs et de l'incontournable cigogne.

Les deux belles maisons à colombage de l'actuel restaurant *Au Fer Rouge*, avec leurs toits pointus symétriques sur fond de ciel étoilé, servent de décor à la scène décrite.
Mme Fulgraff indique qu'autrefois on y percevait l'impôt sur le sel. Aujourd'hui, son fils Patrick, un ancien de Bocuse, Peyrot et Pic, y propose une cuisine et une carte des vins qui ne manquent pas... de sel!
Le tokay - pinot gris y occupe une place de choix, en raison des accords complexes qu'il autorise. Avec un tokay - pinot gris
– jeune : saumon cru mariné à la graine de fenouil, huîtres aux poireaux et à la crème échalottée, salade d'artichaut et de coquilles Saint-Jacques au xérès;
– plus corsé : blanc de volaille fourré à la purée d'ails nouveaux, rognon de veau rôti dans sa graisse, à la moutarde, homard sauté, réduction d'anis montée au beurre;
– d'une belle année et de Vendanges tardives : terrine de foie de canard et de foie gras d'oie, choucroute nouvelle et foie d'oie au bouillon de baies de genièvre, œuf poché aux grains de caviar et aux langoustines;
– d'un très vieux et exceptionnel millésime : chausson à la truffe, volaille truffée en papillote, sauce crème liée au beurre de foie gras;
– en nectar (quintessence de grains nobles) : feuilleté à la rhubarbe, glace vanille aux arômes de miel.
Et, pour la bonne bouche, Patrick Fulgraff propose, sur un plat du terroir, un air nouveau :

Foie d'oie et choucroute au bouillon de baie de genièvre
(Entrée, pour 4 personnes)

Pour le plat : 400 g de foie d'oie, 500 g de choucroute, 2 artichauts, 3 tomates, 20 cl de fond blanc de volaille, 125 g de beurre, 20 baies de genièvre, une gousse d'ail.
Réalisation :
Lavez la choucroute 2 fois à l'eau tiède et égouttez-la bien. Escalopez votre foie (2 par personne), maintenez au frigo. Tournez l'artichaut, cuisez dans un blanc (eau, farine, citron). Cuisson *al'dente*. Coupez-les en quartiers. Mondez et épépinez vos tomates, coupez-les en petits dés bien réguliers. Infusez les baies de genièvre dans le fond de volaille, émulsionnez le beurre en pommade dans le fond (ne faites pas bouillir), salez et poivrez (beurre 70 g). Dans une casserole, faites fondre votre beurre (40 g) avec la gousse d'ail très finement hachée. Ajoutez la choucroute, remuez à l'aide d'une fourchette, salez et poivrez. Poêlez les escalopes de foie d'oie dans une poêle non adhésive (coloration brune). Dressez la choucroute au centre de l'assiette, puis les escalopes de foie; autour, les quartiers d'artichauts. Passez votre bouillon au chinois et versez les dés de tomate. Rectifiez l'assaisonnement. Nappez
Bon appétit!

Le pinot noir
Le Buerehiesel, Strasbourg

Pour l'Exposition industrielle de 1895, un corps de ferme cossue avait été démonté à Molsheim, puis remonté dans le parc de l'Orangerie, jadis dessiné par Le Nôtre, à Strasbourg. Il y resta et est devenu, selon le souhait de la municipalité, *Le Buerehiesel* (la maison paysanne), voisin du palais de l'Europe et des cigognes de l'enclos attenant. Antoine Westermann, sans tambour ni trompette, y officie de main de maître.
Pour le pinot noir, seul cépage rouge autorisé en Alsace, de maturité tardive, voici, selon qu'il a été vinifié en rouge ou en rosé, l'éventail des possibilités.
– Le pinot noir rosé, souple, gouleyant, à servir frais, accompagne merveilleusement les terrines rustiques de canard aux primeurs et aux foies d'oie, par exemple, les salades de lentilles aux lardons et au dos de lapereau rôti, et même les poissons grillés (saumon, turbot...).
– Le pinot noir rouge, de macération plus longue (jusqu'à quatre semaines), puissant, corsé, aux arômes de framboise et de baies sauvages, met en valeur le gibier à poil et les viandes rouges.
Antoine Westermann apprécie ce vin pour son côté rustique et facile qui,

▲ *La grand-place d'Andlau.*

Si la vigne occupe l'essentiel des coteaux d'Alsace, les arbres fruitiers meublent aussi le paysage et sont les fournisseurs des meilleures eaux-de-vie blanches de France. ▶

1300

en dehors des grandes préparations à base de vin blanc d'Alsace, lui permet d'élaborer des recettes au vin : le paleron de bœuf braisé au pinot noir rouge, car ce vin généreux lui apporte sa plénitude, ou bien un filet de sandre à la mœlle et au pinot noir, qui donnent à ce poisson d'eau douce un équilibre peu commun, sans oublier les desserts, tels les pruneaux, poires ou pêches des vignes pochés.
Liliane Westermann, omniprésente, veille à la bonne marche de cette grande maison. « Si elle est absente, tout le monde s'en aperçoit; même sans moi, mon équipe tourne... » : trop modeste, Antoine Westermann!

Le pinot blanc
Le Crocodile, Strasbourg

Le décor aux couleurs chaudes, douces, mais sans fadeur, avec de superbes bouquets dont la touche finale revient sans nul doute à Monique Jung, n'a gardé de l'ancienne brasserie appelée *L'Estaminet viennois* que l'immense toile représentant une fête patriotique, éclairée par la verrière du plafond. Quant au crocodile empaillé, de 2,50 m de long, autrefois suspendu au-dessus des têtes des consommateurs, il a été remplacé par une réplique en bronze sur la façade, dont Emile Jung vous contera avec un rien de malice la légende – napoléonienne bien sûr, vu la proximité de la place Kléber.
Le pinot blanc? Un « vin de soif » qui permet « de gommer son palais ». Parmi les mets froids, Emile Jung le voit bien accompagner les gelées de porc, de canard ou de lapereau, les asperges au jambon, l'estomac de porc farci, les saucisses à la pomme de terre (mélange de chair blanche truffée de porc, de pommes de terre et d'autres légumes), voire, les pointes ou pousses de houblon (cuites à l'eau; on y adjoint, dans un caquelon, un œuf poché), ou encore une hollandaise avec épinards et œuf poché...
Parmi les mets chauds : le jambon en croûte, les viandes en sauces blanches (au vin), telle la blanquette de veau ou d'agneau et, pourquoi pas, les ris de veau avec petits pois et artichauts et les viandes traitées en pot-au-feu (poule, bœuf, pigeon).
Tradition? Oui, mais avec une touche inventive qui fait la différence! Depuis Masevaux, son point de départ familial à une étoile, et l'ambassade de France à Washington où il était attendu ce printemps, Emile Jung est resté tel qu'en lui-même : conscient des servitudes de son métier, soucieux de « transformer la matière en la valorisant », au point « que la besogne s'oublie ». Belle leçon de vie!

◄ *La porte haute de Bergheim.*

L'enfance du goût

Pour moi, les vins d'Alsace ont d'abord été des raisins, que je croquais à l'envi, m'initiant par là à leur différence de goût, de couleur, de forme. Aujourd'hui, il me plaît d'y retrouver la saveur propre à chaque cépage : saveur, sensation, impression? Pour moi, le pinot noir est velouté, gouleyant; le sylvaner léger, plaisant, et le pinot blanc frais; le riesling plus nerveux, le muscat délicat, fruité et sec; tokay-pinot gris et gewurztraminer, de Vendanges tardives en particulier, sont complexes, somptueux, charnels. Finesse et force, typicité, harmonie et fermeté de la structure, exquisité enfin, me touchent le plus, dans un grand vin d'Alsace.
Dans mon enfance, voire dans ma prime jeunesse, quand kiwi, litchi et mangue gardaient encore le secret de leurs parfums et de leurs noms exotiques, un vrai vin d'Alsace était bon ou très bon, fin ou très fin, aromatique ou discret, merveilleux toutes les x... années, mais, dans le même temps, un ancien de la guerre 14-18, à l'humour aussi vif que son amour du bon vin, s'exclamait : *Liawer a Bei bracha, es a Trepfala vu dam güta Wi verscheda!* (Plutôt me casser la jambe, que renverser une gouttelette

de ce bon vin). Les dégustations comparées existaient bel et bien, mais en famille, à l'occasion d'une fête ou entre voisins, à la veillée; on ne recrachait pas le vin et on vidait son verre – quitte à en goûter moins –, le contraire eût paru discourtois, voire sacrilège. Pour les anniversaires, à la fin de l'adolescence, était ouverte une bouteille de l'année de naissance... quand elle correspondait à un millésime notoire, surtout.

J'aimais la joie des vendanges quand, équipée d'un seau et d'un petit sécateur, je participais, avec mes frères et sœurs et cousins, à la cueillette du raisin, aux repas en plein air et aux retours triomphants où, perchés sur les cuves et couronnés de feuilles de vigne, nous étions les rois de l'Automne. J'aimais l'animation inaccoutumée du village, à la nuit tombée, le bruit du pressoir, l'expression heureuse de mon père qui notait, sur son calepin, le nombre de cuves rentrées, le degré oechsle, les parcelles concernées, puis comparait ces résultats avec les années antérieures et son

▲ *Dans tous les pays de vignobles, l'automne prend une signification particulièrement forte car c'est la saison de l'accomplissement.*

estimation, avant les vendanges. J'aimais le soin qu'attachait ma mère, après une journée passée à préparer les repas et à accueillir les clients, à écouter le récit de nos petits exploits, avant de nous rappeler, quand nous voulions redescendre dans cour et cave, que nous n'étions pas dans la semaine des quatre jeudis.

Ce qui me fascinait, c'était le début de la fermentation des moûts; jour après jour, les tonneaux s'animaient; les vases de fermentation en grès laissaient deviner à leur faîte une mystérieuse alchimie. Mais que pouvaient donc se raconter muscat et gewurztraminer? Quand ils avaient fini de se parler, le moût délicieux avait perdu son goût sucré; le vin nouveau commençait sa destinée.

Au printemps, à la sortie de l'école, nous allions dans les vignes avec un entonnoir fiché dans une petite bouteille à moitié remplie d'eau et, rangée après rangée, c'était comme un jeu d'y faire tomber les cigariers aussi mordorés que nuisibles.

Quelques années plus tard, j'aidais à envelopper les précieuses bouteilles dans du papier de soie aux couleurs changeantes, selon le cépage. Plus tard encore, pendant les vacances d'été, nous réveillait tantôt un air des Pink-Floyd, tantôt l'ouverture d'un opéra de Mozart ou de Verdi, selon l'humeur du plus matinal, car nous voulions travailler dans les vignes avant la chaleur écrasante de la mi-journée.

Entre-temps, j'avais appris à déguster, à toutes petites lampées, le vin chaud parfumé à la cannelle et à la vanille, lié dans mon souvenir à l'odeur des écorces de mandarine qu'on laissait sécher sur les grands poëles de faïence; elles embaumaient les pièces et annonçaient Noël et le Berawecka, pain de poires composé d'une dizaine de fruits séchés et d'épices, les gâteaux à l'anis et les petits fours en forme d'étoile, de lune, de bonhomme ou de roue dentée, recouverts de sucre glace ou de chocolat noir, que l'on suspendait au sapin, à côté des boules multicolores et des guirlandes argentées.

Comme elle me semble lointaine l'époque où, le dimanche des Rameaux, des bretzels non pas salés (comme les agréables « mauricettes » récemment inventées) mais en pâte à brioche sucrée et glacée, décoraient les rameaux de houx portés comme des petits arbres par les enfants; après la messe, on les fichait en terre dans le jardin – sans les bretzels, bien entendu, qui accompagnaient le muscat ou le gewurztraminer de l'apéritif; huit jours plus tard, par le plus grand des hasards, le lièvre de Pâques faisait son nid à leur pied!

Le kugelhopf cerné d'amandes ou de noix, enneigé de sucre glace, était de toutes les fêtes carillonnées, suivi du pâté en croûte au fumet délicieux de sa marinade au sylvaner, au riesling ou encore à l'edelzwicker, qui pouvait accompagner tout le repas, à condition qu'il ait, conformément à son

En chacune de ses saisons, l'Alsace est éternelle. ▶

étymologie, comporté au moins un cépage noble (*edel*). Mais tokay, riesling, gewurztraminer ou muscat y avaient leur place, dans un ordre variable ou en solo; surtout, il n'était de fin de repas solennel sans que le maître de maison n'apportât « sa » meilleure bouteille, en couronnement.

Si je savais, en théorie, que « le vin est sensible comme la glace à l'haleine », je le compris vraiment un soir d'hiver quand, voulant rafraîchir un gewurztraminer, la bouteille laissée trop longtemps sur le balcon garda les arômes comme emprisonnés...

Autre découverte : comme on peut rester indifférent à un paysage, une œuvre d'art quand cœur et esprit sont ailleurs, un cru sera perçu différemment, selon l'heure, les cironstances... A moins qu'il ne parvienne à les transcender!

Enfin, un vin évolue au cours d'un repas en fonction des mets qu'il accompagne (et de l'éveil des papilles gustatives). Il est des plats qui ne sauraient s'accommoder d'eau; il est des vins, soudain révélés, sous l'action des épices, du sucré ou de l'amer en une harmonie parfois imprévisible, éclatante. Ces variations, sans doute infinies, donnent à chacun un champ illimité de possibilités, comme le constatait Curnonsky, prince des gastronomes : « L'Alsace est un pays où se peut réaliser l'accord parfait des vins et des mets et la riche gamme des vins d'Alsace peut accompagner tout un repas. »

Pas davantage dans ma mémoire qu'au présent, l'Alsace ne doit être synonyme de « petit vin blanc »; l'adjectif « petit » n'a pas de raison d'être, quand terroir, foi et métier du vigneron s'accordent. Aux instants et aux repas simples, les vins d'Alsace gouleyants et frais; aux grands moments à partager, les vins beaux jusqu'à en être parfaits, en cette fin du XXe siècle, tout comme au XIIIe siècle, quand « l'abbé de Saint-Gall voulut offrir à de nombreux ducs, chevaliers, nobles et à ses vasseaux un délicieux repas de mardi gras... il fit chercher partout les meilleurs vins », et notamment « du vin d'Alsace »...

Répertoire

Pour l'attribution des verres colorés, nous nous sommes appuyés sur les travaux d'un jury composé de spécialistes des vins d'Alsace (professionnels, journalistes, amateurs éclairés). Comme habituellement dans notre collection, nous avons voulu exprimer un arbitrage du rapport moyen qualité/prix.

Les quantités de production indiquées correspondent à une moyenne sur plusieurs années.

Les Clos d'Alsace

Ce n'est pas à des images tirées de la Bible, mais contre toute attente à des expressions classiques de la mythologie païenne, que fait appel un bénédictin du IXe siècle pour décrire le paysage alsacien :

> « Bacchus habite ces collines,
> les grappes mûrissent sur ces coteaux... »

écrivait Ermold le Noir en l'an 820, après avoir évoqué l'Alsace comme une contrée puissante, dans un long poème en latin destiné à le faire rentrer en grâce auprès de l'empereur Louis le Pieux.

Quels étaient les vignobles qui frappèrent ainsi notre moine-poète, si ce n'est précisément les clos, comme le révèlent les archives, où légendes et faits historiques cohabitent allègrement, en un chassé-croisé de dotations religieuses et laïques, par-delà les frontières et la complexité dynastique... Si les plus anciens portent le nom de saints ignorés des modes et du calendrier actuels, leur renommée, parfois toute locale, n'en a pas moins été solidement ancrée et c'est à l'émergence même des monastères en Alsace qu'ils remontent.
Ainsi, le Clos Saint-Landelin, constitué de vignes « choisies parmi les meilleures d'Alsace », selon l'acte de donation, fut-il offert par l'évêque de Strasbourg, Heddon (734-776), au couvent de la Forêt-Noire érigé en mémoire de saint Landelin, fils de princes irlandais, qui avait évangélisé la contrée de Rouffach, au VIIe siècle.
A un peu plus d'une lieue de Rouffach, les vignes du Clos Saint-Imer représentaient le fonds dotal de la paroisse de Gueberschwihr, placée sous le patronage de saint Imer, premier abbé du couvent fondé en 676 par Dagobert II d'Austrasie, au-dessus de ce village désigné par l'historien Médard Barth comme « une grande localité viticole en 735, déjà ». Cette précision ne saurait nous étonner, vu l'origine latine marquée par le suffixe *wihr* que nous retrouvons dans Hunawihr, village dont sainte Hune était la patronne.
La légende – qui célébrait saint Imer pour un pèlerinage en Terre sainte au cours duquel il aurait tué un griffon (dont une « griffe arrière » fut même conservée dans un reliquaire en argent jusqu'à son vol en 1376 par les hordes d'Enguerrand de Coucy) – rapporte, au sujet de sainte Hune, le miracle le plus précieux qui se puisse imaginer pour des vignerons du Moyen Age (et de tous les temps) : une année sans récolte, elle fut invoquée, et l'eau de la fontaine se transforma en un très bon vin!
Si le Clos Saint-Urbain doit sa dénomination à une fontaine du XVe siècle située dans le « Rangen » de Thann, un document rappelle que le couvent des Dominicains de Bâle y possédait 16 ares de vignes, au XIIIe siècle déjà. Quant aux terres du Clos des Capucins, mentionnées dès 1304 sous le nom de « Weinbach », elles avaient été données par sainte Richarde, l'épouse de Charles le Gros, à l'abbaye d'Etival (dans les Vosges) en 890; les Prémontrés en feront don à l'ordre des Capucins, en 1612, d'où la désignation actuelle.

C'est d'Adélaïde, l'épouse d'Othon Ier, que l'abbaye de Murbach aurait reçu, en 977, les terres qui constitueront le petit Clos de Meywihr, près d'Ammerschwihr. L'origine du Clos Rebgarten, ou jardin des vignes, se rattache aux moniales d'Andlau et celle du Clos Sainte-Odile, probablement à l'abbaye de Hohenbourg. Remontent à la même époque les vignes des Bénédictins de Saint-Morand qui prendront, au XVe siècle, le

nom du vigneron qui les cultivait, Martin Zahn, avant de devenir le Clos du Zahnacker, à Ribeauvillé; il s'agissait d'une possession des seigneurs de Ribeaupierre, comme le Clos du Schlossberg, qui porte le nom de la colline dominée par un des châteaux qui surplombent cette même cité.
Quant aux terres du Clos du Windsbuhl, elles appartinrent aux Rathsamhausen, sous le nom d'Erlach, puis au prédicateur de la cour des Ribeaupierre qui fit construire, au XVIIe siècle, la belle demeure actuelle qu'il appela Windsbuhl. C'est le XVIIIe siècle qui marqua l'expansion de ce vignoble.
Enfin, le Clos Zisser et le Clos Gaensbroennel, sur la pente impressionnante du Kirchberg de Barr, sont réputés depuis le siècle dernier.

Monacales ou seigneuriales pour la plupart, ces vignes n'ont été jugées dignes de leur passé qu'au prix de preuves tangibles, par l'ancien Comité d'experts des vins d'Alsace, qui ne transigeait pas sur la notion « d'usages locaux, loyaux et constants », notion indissociable du terme « clos » dans la loi du 6 mai 1919, complétée par les décrets de 1921, 1935 et 1949, ce dernier étant très clair sur le point de la délimitation. En plus des preuves d'antériorité irréfutables, il fallait démontrer la nature exceptionnelle des terrains, testée par analyses géologiques et pédologiques, de leur exposition, ainsi que de la même et bonne qualité produite, contrôlée durant les vendanges par des prélèvements de moûts, et par des dégustations du Comité, en cours d'année. Enfin, suivaient le dépôt de la marque auprès de l'INPI (Institut national de la propriété industrielle) et de l'étiquette auprès de la Direction régionale de la répression des fraudes.
Que leur superficie équivale à une dizaine d'ares ou à une quinzaine d'hectares, ces Clos racontent la splendeur et parfois la misère du temps, de jadis et de naguère. Leur histoire récente se résume, presque invariablement, à l'intérêt passionné qui leur est voué, depuis une, deux ou trois générations, pour maintenir ou restituer leur renom de vignobles privilégiés.
Ce qui suppose, en contrepartie, un travail essentiellement manuel, donc exigeant, consciencieux, qui va d'une taille courte à des vendanges effectuées le plus tard possible et suivies d'une vinification traditionnelle, séparée, bien entendu, avec une maturation en fûts de chêne.
Nul record de rendement, mais une quête constante de la qualité. Puissants et d'une grande finesse, les vins de garde issus de ces clos portent l'empreinte de ceux qui les cultivent, en gardiens vigilants et fiers de leur trésor.

◄ *Les Clos historiques d'Alsace incarnent la belle et intransigeante notion d'« usages locaux, loyaux et constants ».*

Clos des Capucins (Domaine Weinbach)

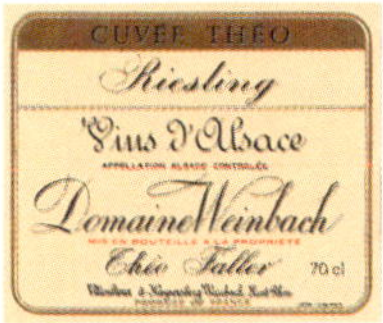

Commune : 68240 Kientzheim. ***Propriétaires :*** Mme Théo Faller et ses filles. ***Superficie :*** 5 ha 15 a. ***Nature du sol :*** calcairo-schisteux. ***Orientation :*** plein sud. ***Encépagement :*** 13 % tokay-pinot gris, 17 % divers cépages, 30 % gewurztraminer, 40 % riesling. ***Production moyenne :*** 35 000 bouteilles/an. ***Vente :*** sur place et par correspondance; Mme Théo Faller et ses filles, Domaine Weinbach, 68240 Kaysersberg.

Une imposante et calme demeure au milieu de vignes entourées d'un grand mur de pierre qui jouxte la nationale, entre Kientzheim et Kaysersberg : c'est le Domaine Weinbach (littéralement : ruisseau de vin, du nom du petit cours d'eau qui le traverse). L'âme de la maison et du chai, c'est Colette Faller, femme de caractère. Trois cuvées reflètent l'esprit de la famille : la Cuvée Sainte-Catherine (vendangée le 25 novembre), du prénom de l'aînée des enfants (bras droit de Colette Faller) et la Cuvée Laurence, du prénom de la cadette, étudiante passionnée de chimie, à Toulouse. « Les deux ont un très bon palais », précise leur mère. Enfin, la Cuvée Théo, en souvenir de Théo Faller, une des personnalités les plus marquantes de la viticulture alsacienne du XXe siècle, sur le plan professionnel, associatif et politique, et qui « reste à tout jamais le maître bien-aimé du Weinbach », selon l'inscription émouvante gravée sur la dalle de grès, à droite de la propriété, où il repose.

Le célèbre Clos des Capucins, entouré de son mur de pierre séculaire.

Toutefois, la collerette qui orne chaque flûte porte l'effigie d'un moine et la mention « Clos des Capucins », nom peut-être aussi chargé d'histoire que la hotte du personnage, de raisins. On peut en effet remonter très loin dans le temps, sans doute à l'an 890, où l'impératrice Richarde donna à l'abbaye d'Etival ces terres, souvent citées au fil des siècles. Ainsi, un parchemin de 1363 conservé aux Archives départementales des Vosges mentionne l'exemption du droit de passage accordée aux vins destinés à l'abbaye d'Etival, en provenance du Weinbach; leur charroi se faisait par le col du Bonhomme. Dans un document de 1510, une note de l'abbé administrateur consigne « bouteille et pot de ving » à offrir (non sans parcimonie), « à la Saint-Urbain » et « à la Saint-Jean ». En 1612, une partie des terres fut donnée aux Capucins nouvellement arrivés dans la région; en retour, ces derniers nommèrent le couvent qui y fut édifié « Weinbach »; détruit par un incendie, reconstruit puis vendu comme Bien national à la Révolution, il sera acquis en 1898 par la famille Faller.

Le nom de ce Clos perpétue le souvenir des moines aux Etats-Unis, au Japon, en Grande-Bretagne, où ces crus sont exportés, conformément à leur renom; car, si la composition du Clos a quelque peu évolué depuis cette description du XVIIIe siècle : « Il contient en vignes entre 14 et 15 000 pieds, savoir : 3 000 genti rouge, 2 000 rouge, 3 000 muscat, 700 riesslin, 500 toquer et chasselin, 7 700 petit richelin et 50 pieds de rouge à teindre », méthodes de culture et vinification restent traditionnelles et les vendanges ont lieu le plus tard possible, comme il convient aux Sélections de grains nobles, en particulier.
P.S. Chaque année, un fût de la nouvelle récolte est réservé à la maison mère des Capucins, sise à Strasbourg : gage d'une bonne place en paradis?

Clos Gaensbroennel (Domaine Héring)

Commune : 67140 Barr. ***Propriétaire :*** Pierre Héring. ***Superficie :*** 45 a. ***Nature du sol :*** argilo-calcaire. ***Orientation :*** plein sud. ***Encépagement :*** 45 % tokay-pinot gris, 55 % gewurztraminer. ***Rendement :*** 45 à 50 hl/ha. ***Vente :*** sur place et par correspondance; Domaine Héring, 6, rue du docteur Sultzer, 67140 Barr.

Une cuvée de gewurztraminer, une autre de tokay-pinot gris sont issues chaque année des 45 ares du Clos du Gaensbroennel, qui font partie, sous cette dénomination, du patrimoine « Héring » au même titre que l'armoire du salon et leur cave la plus ancienne, où l'on ne pénètre qu'après une descente en profondeur assez rare en Alsace. Comme chaque génération a ajouté « sa » cave, le tour sous-terrain du propriétaire dure un moment et donne un peu l'impression de traverser le temps. Quand Mme Pierre Héring, à la physionomie rieuse et douce, mais que l'on pressent grave et méthodique, vous dit le plus naturellement du monde qu'elle s'occupe de la première étape de la vinification, pendant les vendanges, son mari ne pouvant être au four et au moulin (ou plutôt à ses vignes et à ses futurs vins), c'est tout le rôle joué, parfois dans les coulisses, par les femmes de viticulteurs qui apparaît. « Maintenant que mon fils est grand, ce sont un peu mes enfants... J'accompagne leurs premiers pas. » Jolie définition des vins de sa maison, de son clos!

Clos Gaensbroennel (Domaine Willm)

Commune : 67140 Barr. ***Propriétaire :*** Alsace Willm. ***Superficie :*** 6 ha. ***Nature du sol :*** argilo-calcaire. ***Orientation :*** plein sud. ***Encépagement :*** 50 % gewurztraminer, sylvaner et tokay-pinot gris (vinifiés ensemble sous le nom de « Gentil Gaensbroennel »). ***Age moyen :*** 30 à 35 ans. ***Rendement :*** 60 hl/ha. ***Commercialisation :*** vente sur place et par correspondance; Alsace Willm, 32, rue du Docteur-Sultzer, 67140 Barr.

L'ancien Sankt-Wolfgang est devenu « Gaens ».

Le père de Martin Feuerstein (peintre barrois réputé du XIXe siècle, auteur des fresques de l'église de Gueberschwihr), sculpta le petit garçon à califourchon sur une oie, qui se trouve en haut de la colonne du « Gaensbroennel », ou fontaine des oies, en prenant son fils pour modèle. Cette fontaine est située à proximité de la maison Willm et du chemin qui mène au clos proprement dit, clos qu'Adolphe Willm a fini de reconstituer en 1923, et qui se trouve sur la partie légèrement incurvée du coteau du Kirchberg.

« A l'automne, en venant de Dambach, c'est le premier coin à s'éclairer, après les brouillards matinaux », observe Bertrand Denoune, directeur pour l'exportation d'Alsace Willm SA, dont le directeur général, Pierre Husser, mène de front la plus importante cave vinicole d'Alsace à Eguisheim. Sur la partie gauche de la pittoresque étiquette, la mention codée, à la verticale : « mis en bouteille par CVE 68420-078 », correspond aux initiales de la cave citée, suivie du code postal, selon la législation communautaire.

Les vins produits sont exportés aux Etats-Unis, au Japon, au Canada, etc. Les gewurztraminer « Vendanges tardives » 1983 et 1985 demeurent un des fleurons d'Alsace Willm.

Clos de Meywihr (Roger Klein)

Commune : 68770 Ammerschwihr. ***Propriétaires :*** M. et Mme Kauffmann-Klein. ***Superficie :*** 10 a 60 ca. ***Orientation :*** sud. ***Encépagement :*** 100 % gewurztraminer. ***Age moyen :*** 19 ans. ***Rendement :*** 65 hl/ha. ***Vente :*** sur place et par correspondance; Maison Roger Klein, 2, rue de l'Aigle, 68770 Ammerschwihr.

Jean-Jacques Waltz, dessinateur et caricaturiste plus connu sous le nom de Hansi, décrivait ainsi, dans la plus célèbre de ses œuvres, *Les Clochers dans les vignes*, les vestiges de Meywihr : « Aujourd'hui, un petit ossuaire perdu dans les vignes, couvert de ronces, de lierre et de mûriers sauvages, et la pierre funéraire de son dernier curé, nous disent l'emplacement du village. »

Meywihr, à l'origine, était une cour colongère : « Il y avait une reine, Adélaïde de Seltz, femme de l'Empereur, roi des Romains. Elle donna le village de Minrewilre, gens et biens, justice territoriale et ban, à l'église Saint-Léger. Elle rajouta onze manses, dont cinq sont cultivées directement et six paient le cens à l'abbaye de Murbach. » Albrecht de Montjoie, Gauthier de Horbourg, Rodolphe de Habsbourg, les Mullenheim, l'évêque de Strasbourg, (...), autant de propriétaires successifs, comme le rappelle Francis Lichtlé, archiviste de Kaysersberg et d'Ammerschwihr. Le village a-t-il disparu après une épidémie de peste, ou dans un gigantesque incendie, comme l'affirment d'aucuns, même si l'église demeura un lieu de pèlerinage jusqu'au XIXe siècle? Ce qui est certain, c'est que la petite vigne dont il est question resta dans

Le Clos de Meywihr reste le seul souvenir d'un village disparu.

la famille de Joseph Klein, dernier curé du sanctuaire de Meywihr, décédé en 1814. Le vin servait à leur consommation personnelle.
En 1966, Roger Klein entreprit la replantation de cette terre alors en friche et refaisait le monde à son échelle, en effectuant la première plantation de 400 pieds, en 1968, puis de 100 autres, l'année suivante. C'est en 1970 que la Répression des fraudes reconnut l'existence du plus petit des Clos alsaciens, entouré d'un mur séculaire de deux mètres de haut retenant la chaleur du soleil et situé dans le « Kaefferkopf », entre Ammerschwihr et Katzenthal.

Clos Rebgarten (Domaine Fernand Gresser)

Commune : 67140 Andlau. ***Propriétaire :*** Marc Kreydenweiss. ***Superficie :*** 20 a 17 ca. ***Nature du sol :*** grès des Vosges, sable, moraine glacière. ***Exposition :*** sud. ***Encépagement :*** 100 % muscat. ***Rendement :*** 45 à 65 hl/ha. ***Vente :*** sur place et par correspondance; Marc Kreydenweiss, 12, rue Deharbe, 67140 Andlau.

Ce n'est point le *Hortus Deliciarum* ou jardin des délices décrit par la célèbre abbesse Herrade de Landsberg, au XIIe siècle, mais ce fut, au moins contemporain, un « jardin de vignes » appartenant aux moniales d'Andlau. D'un jardin, il garde les dimensions réduites et la clôture : un beau mur de pierre d'un mètre quarante de haut, marqué par les siècles.
Marc Kreydenweiss y bichonne une vigne de muscat, car ce cépage, à la fleur très sensible, est là à l'abri du vent. Le terrain léger, mais bien chaud, constitué de sable et de grès, donne un vin aromatique. Que souhaiter de plus au muscat parfois si capricieux? L'aquarelle aux tons pastels peinte par Ruhlmann, pour le millésime 1986, semble dire que les tons et les parfums se rejoignent : belle expression d'harmonie!

Clos Sainte-Hune (Trimbach)

Commune : 68150 Hunawihr. ***Propriétaire :*** F. E. Trimbach. ***Superficie :*** 1 ha 25 a. ***Nature du sol :*** argilo-calcaire. ***Orientation :*** sud/sud-est. ***Encépagement :*** 100 % riesling. ***Rendement :*** 60 à 65 hl/ha. ***Vente :*** sur place et par correspondance; Maison F. E. Trimbach, 68150 Ribeauvillé.

Sur les quelque 7 hectares de riesling possédés en vignes propres par les Trimbach, viticulteurs-négociants dont la propriété cossue est sise à Ribeauvillé, le Clos Sainte-Hune (parfois appelé « la Romané Conti » de l'Alsace) occupe 1 ha 25 a du lieu-dit Rosacker, tout près de l'église de Hunawihr au clocher pointu. C'est cette image familière du vignoble alsacien que reproduit l'étiquette très fine, en noir et blanc, presque inchangée depuis le début de la commercialisation de cette marque en 1919, l'année même de la loi sur les « usages locaux, loyaux et constants », qu'elle illustre superbement.
Voici maintenant les précisions que Pierre Trimbach apporta, lors d'une présentation récente à l'Académie du vin : « Vendanges à maturité optimale, parfois avec plusieurs tries; les raisins sont légèrement foulés, non éraflés, et pressés le plus rapidement

possible. Les moûts sont centrifugés, puis fermentés en cuve inox ou en foudre de chêne, avec contrôle de température (20 °C environ). Après préfiltration sur kieselguhr en février, la mise en bouteilles s'effectue aux mois de mai-juin suivant la récolte. Le vin séjourne plusieurs années en bouteilles, avant d'être commercialisé. »

Quand on saura que les capacités de stockage de la maison Trimbach sont de 3 millions de bouteilles, l'on ne sera pas étonné que les riesling du Clos Sainte-Hune puissent, en toute tranquillité, assumer leur destinée de vins de garde.

Clos Sainte-Odile

Commune : 67210 Obernai. ***Propriétaire :*** Michel Weiss. ***Superficie :*** 10 ha 50 a. ***Nature du sol :*** argilo-calcaire. ***Orientation :*** sud. ***Encépagement :*** 25 % riesling, 25 % tokay-pinot gris, 50 % gewurztraminer. ***Rendement :*** 35 à 40 hl/ha. ***Vente :*** sur place et par correspondance; SA Sainte-Odile, 15, rue de Boersch, 67210 Obernai.

BANQUET
de La Ligue Patriotique des Alsaciens - Lorrains
en commémoration du Retour de l'Alsace et de la Lorraine à la France
Sous la présidence de
The Right Hon.
The Viscount Burnham C.H.
Commandeur de la Légion d'Honneur

Samedi le 19 Juin 1920
Connaught Rooms
Great Queen St W.C.

Quel vin blanc d'Alsace servit à porter les toasts, lors du banquet de la Ligue patriotique des Alsaciens-Lorrains, en commémoration du retour de ces provinces à la France, sous la présidence du viscount Burnham, commandeur de la Légion d'honneur, en 1920? Un cru placé sous le signe même de la protectrice de l'Alsace, dont le mont domine la petite ville d'Obernai!
Le dépôt de la marque Clos Sainte-Odile remonte au début du siècle, en France, et à 1936 aux USA. Si, plus près de nous, les millésimes 1976 et 1983 du riesling Clos Sainte-Odile prirent place sur la table réservée aux hôtes de marque, à l'Elysée, voilà la preuve que Michel Weiss poursuit la tradition de la culture et du vieillissement en fûts

Aujourd'hui comme hier, les grands événements sont arrosés comme il se doit.

Obernai, en Haute-Alsace, reste conforme à sa tradition hospitalière.

de chêne héritée de son arrière-grand-père, Pierre-Charles Weissenburger, lequel, après avoir racheté ce vignoble, parcelle après parcelle, en reconstitua les murs de soutènement hauts de 2 à 10 mètres et longs de centaines de mètres, en grès des Vosges. N.B. Les vins vendus sous l'étiquette « Sainte-Odile », au figuratif identique, ne proviennent pas du Clos. L'adresse de commande diffère, d'ailleurs.

Clos Saint-Imer (Maison Ernest Burn)

Commune : 68420 Gueberschwihr. ***Propriétaire :*** GAEC J. et F. Burn. ***Superficie :*** 5 ha. ***Nature du sol :*** calcaire oolithique. ***Orientation :*** sud-est. ***Encépagement :*** 8 % pinot noir, 8 % autres, 10 % tokay-pinot gris, 14 % riesling, 18 % muscat, 42 % gewurztraminer. ***Age moyen :*** 20 ans. ***Rendement :*** 53 hl/ha. ***Vente :*** sur place et par correspondance; Maison Ernest Burn, 14, rue Basse, 68420 Gueberschwihr.

Au début du siècle, un enfant regardait, songeur, d'énormes amoncellements de pierres, hauts de près de trois mètres, larges d'autant, qui striaient la colline appelée « Haulenberg ». A quelle époque reculée, et pourquoi, des hommes avaient-ils défriché cette pente rude, entassant les cailloux comme pour délimiter les parcelles de vignes? Adolescent, il assista à une scène singulière : dans une cave du village au « plus beau clocher d'Alsace », selon Hansi, un vigneron tendait un verre à un confrère : « Tiens, goûte-moi ce vin du Haulenberg! » L'autre le mira, le huma, avala une gorgée et déclara : « Ça? En aucun cas! » Cette exclamation suscita une expression amusée chez le maître des lieux, qui lui tendit un autre verre, rempli à un tonneau différent... « Celui-là, oui! »... Et c'en était!
Quel secret renfermait cette colline, dont il était reconnu que, de tout temps, les vins de garde puissants, aux arômes complexes et persistants, se vendaient plus chers? Sans doute ces levées de pierres, accumulant la chaleur du soleil qu'elles restituaient, la nuit; la pente de 40 à 50 % exposée sud-est, donc ensoleillée du levant au couchant (tôt le matin, en été, les pieds de vignes y étaient secs, bien avant ceux de la plaine); le calcaire oolithique conférant au vin ce goût de terroir recherché... La vinification

Cette enseigne symbolise 350 ans de viticulture.

La chapelle Saint-Imer, au soleil levant semble veiller depuis des siècles.

jouait un rôle non négligeable, mais pas plus que l'état d'abandon d'une partie de ce vignoble, elle n'effrayait Ernest Burn, aux ancêtres vignerons depuis 1600 et quelque. Contre vents et scepticisme, une fois adulte, il racheta ces terres, une à une, y compris broussailles et lambrusques, en dépit du travail presque exclusivement manuel imposé par la pente et du recours au bulldozer nécessaire pour le réaménagement des endroits les plus délicats et des chemins d'accès. Des cépages nobles furent essentiellement plantés. Dans les années 1950, un courtier écoulait, en petits tonneaux, une partie du vin produit, chez Hédiard, Lucas Carton, à l'hôtel Lutetia, etc. Une clientèle particulière se constituait aussi, qui appréciait la mise en bouteilles des crus.

En 1969, ce terroir a vraiment renoué avec sa longue histoire, sous le nom de « Clos Saint-Imer », car les riches archives de la paroisse avaient révélé le rôle joué par ces vignes dès sa fondation, précisant, au fil des siècles : leur délimitation par levées de pierre et chemin (*Steinrudeln*, *Haulweg*...); leur prix (elles servaient de référence et donnèrent même lieu à une dîme particulière); leur morcellement (jusqu'à 50 propriétaires, d'après le registre censier de 1808); leur identité, avant tout : *Sanktimeriushalde*, selon un parchemin de 1345 (puis il fut abrégé en *Halde* ou *Haul*).

De 1985 à 1988, avec ses fils Joseph et Francis (qui n'en sont pas moins ouverts à l'apport de l'ordinateur, de la climatisation des caves à bouteilles et de l'hélicoptère pour le traitement des vignes – même s'ils sont revenus au pressoir vertical pour les grandes cuvées!), Ernest Burn a construit, dans le prolongement d'une levée de pierres d'où la vue est fort belle, une chapelle dédiée à saint Imer. D'inspiration préromane, comme il convenait pour ce bénédictin du VIIe siècle, premier protecteur de la paroisse et, à jamais, du Clos.

Protection encore prouvée récemment par l'évocation de *Que choisir – Spécial Vin*, en décembre 1987 :« Ce terroir célèbre donne des vins très mûrs aux arômes floraux de jeunesse, plus fins que les nuances épicées si courantes. Le propriétaire est une figure de la viticulture alsacienne. » Qui plus est, le gewurztraminer 1985 y avait été choisi parmi les 365 vins français au meilleur rapport « qualité-prix »...

Clos Saint-Landelin (Muré)

Commune : 68250 Rouffach. ***Propriétaire :*** René Muré. ***Superficie :*** 16 ha. ***Nature du sol :*** calcaire. ***Orientation :*** sud. ***Encépagement :*** 5 % muscat, 10 % tokay-pinot gris, 30 % riesling, 35 % gewurztraminer. ***Rendement :*** 55 hl/ha. ***Vente :*** sur place et par correspondance; A. et O. Muré, 68250 Rouffach.

Il y a fort longtemps de cela, à l'approche de vendanges particulièrement prometteuses, un voleur de raisins sévissait dans la région de Rouffach. Plus d'une fois, il pénétra en cachette dans le domaine de Saint-Landelin, attiré par les grappes, de loin les plus mûres et les plus abondantes du ban. Un matin comme les autres, il en coupait à l'envi, quand soudain, comme foudroyé, il tomba! On le sortit de la vigne à

Il a sa légende, ses murs de pierre... et tout le mystère de son microclimat.

grand'peine et il resta paralysé pour le restant de ses jours... Cette anecdote, tirée des *Miracles de saint Landelin*, écrits entre 1111 et 1115, contenait une double morale, conforme à la mentalité et aux conceptions religieuses médiévales : qu'un tel forfait devait être châtié de façon exemplaire et que saint Landelin veillait sur ce grand vignoble! Il avait en effet été donné par l'évêque de Strasbourg, Heddon (734-776), à un couvent de la Forêt-Noire fondé à la mémoire du saint, moine irlandais qui avait évangélisé la région de Rouffach, au VIIe siècle.

Citées à maintes reprises dans chroniques et archives du XIIIe siècle à la Révolution qui vit leur dispersion, ces vignes connurent un nouvel essor avec la reconstitution du Clos, vers la fin du XIXe siècle.

C'est après 1935 qu'Oscar Muré, issu d'une famille de longue tradition vigneronne, entreprit l'exploitation de cette colline cultivée en terrasses et délimitée par murs en pierres sèches et chemins. Il fut une figure pittoresque de la viticulture alsacienne. Qui ne se souvient de sa faconde, quand il commentait la dégustation d'un de ses vins, à la manière d'un homme amoureux, tour à tour observateur admiratif et conquis! Son fils René Muré (aidé avec enthousiasme et chaleur par sa sœur Reine-Thérèse, jusqu'aux vendanges 1987, où elle disparut tragiquement) poursuit avec soin la mise en valeur du Clos Saint-Landelin, privilégiant taille courte, compost de paille et de marc en guise d'engrais, récolte par tris et vinification lente.

Cet ancien pressoir à arbre est visible au domaine.

Clos Saint-Urbain (Domaine Zind-Humbrecht)

Commune : 68800 Thann. ***Propriétaire :*** Léonard Humbrecht. ***Superficie :*** 5 ha. ***Nature du sol :*** granitique. ***Orientation :*** sud-est. ***Encépagement :*** 20 % gewurztraminer, 40 % riesling, 40 % tokay-pinot gris. ***Age moyen :*** 25 ans. ***Rendement :*** 30 hl/ha. ***Vente :*** sur place et par correspondance; Domaine Zind-Humbrecht, 34, rue du Maréchal-Joffre, 68000 Wintzenheim.

C'est avec les invocations suivantes (alors en latin) que, conformément aux statuts de leur corps de métier, les vignerons de Thann ont gravi, des siècles durant, le Rangen, jusqu'à l'antique chapelle portant le nom de saint Urbain, dont on célébrait la fête le 25 mai.

> « Saint Urbain, compagnon de travail et aide de tous les prêtres du vignoble du Seigneur...,
> Priez pour nous!
> Saint Urbain, gardien et protecteur de tous les vignobles et vergers...,
> Priez pour nous!
> Saint Urbain, Patron des vignerons et des aubergistes...,
> Priez pour nous!
> De la boisson et de l'ivrognerie...,
> Délivrez-nous, Seigneur!
> Des orages, de la grêle et de la foudre...,
> Délivrez-nous, Seigneur!
> Des dévastations de la tempête et du gel...,
> Délivrez-nous, Seigneur! » (etc.)

Ce terroir composé de roches volcaniques, à la pente la plus forte sans doute du vignoble alsacien (68 %) fut, bien entendu, cité dès le Moyen Age (au XIIIe siècle, les Dominicains de la ville de Bâle y possédaient 16 ares). Dans *Le Journal de voyage de M. de Montaigne en Italie par la Suisse et l'Allemagne en 1580 et 1582*, on peut lire : « Tane (Thann) 4 lieues. Première ville d'Allemagne sujette à l'Empereur, très belle. Lendemain au matin, trouvâmes une belle et grande plaine flanquée à main gauche de coteaux pleins de vignes, les plus belles et les mieux cultivées, et en telle étendue, que les Gascons qui étaient là disaient n'en avoir jamais tant vu de suite. »

Foudres de chêne du Domaine Zind-Humbrecht à Wintzenheim.

Il y eut même des poèmes personnifiant ce coteau, où il est comparé à un être d'une force invincible et magique :

O Rango, O Rango,
Du bist ein arger Mann,
Der stets bezwingt,
Was mit ihm ringt,
Durch seine Zauberbann.

La Révolution française détruisit la petite chapelle Saint-Urbain. En 1934, on la reconstruisit. Quant au vignoble lui-même, c'est dans les années 1970 qu'un viticulteur originaire de Gueberschwihr, véritable force de la nature, releva le défi : Léonard Humbrecht. Les vignes, restructurées, comptent 8 000 pieds par hectare; les travaux s'enchaînent, manuellement, avec l'assistance d'un treuil au moment des vendanges. Le Clos Saint-Urbain, avec ses tokay-pinot gris et ses gewurztraminer puissants et typés, a ranimé le passé prestigieux de ce coteau.

Clos du Schlossberg (Jean Sipp)

Commune : 68150 Ribeauvillé. ***Propriétaire :*** Jean Sipp. ***Superficie :*** 1 ha 23 a. ***Nature du sol :*** keuper marneux. ***Orientation :*** sud-est. ***Encépagement :*** 10 % muscat, 20 % gewurztraminer, 20 % tokay-pinot gris, 50 % riesling. ***Age moyen :*** 40 à 45 ans. ***Rendement :*** 30 hl/ha. ***Vente :*** sur place et par correspondance; Maison Jean Sipp, 60, rue de la Fraternité, 68150 Ribeauvillé.

En 1789, le projet d'incendier la résidence seigneuriale située à l'ouest de la ville, sur la colline du Schlossberg, germa dans certains esprits exaspérés par le faste du prince palatin, Maximilien de Deux-Ponts, à la tête du comté de Ribeaupierre. Mais les parcelles qui deviendront, en 1965, le Clos du Schlossberg, comptaient déjà plusieurs siècles de vignes à leur actif, comme en font foi deux documents de 1352 et 1451, citant le versant raide de la colline derrière le château du Petit Ribeaupierre, dont Matthieu Merian nous a laissé une fière réplique, dans sa *Topographie de l'Alsace*, au XVIIe siècle. Situées à 300 m d'altitude, environ, exposées sud-est, ces vignes seigneuriales étaient uniquement complantées de cépages nobles, d'après le registre des vendanges de 1610 – fait rare, à l'époque.
Aujourd'hui, Jean Sipp, leur propriétaire, prévoit l'arrachage prochain des ceps actuels de gewurztraminer, muscat, riesling et tokay-pinot gris bientôt cinquantenaires et plus que clairsemés, toujours vendangés, pressés et vinifiés ensemble : un particularisme issu des usages locaux, qui sera rompu au bénéfice du seul riesling, le cépage d'élection de Ribeauvillé.

Clos du Windsbuhl (J. Meyer/Domaine Zind-Humbrecht)

Commune : 68150 Hunawihr. ***Propriétaire :*** Bérengère Meyer. ***Superficie :*** 4 ha 50 a. ***Nature du sol :*** calcaires à coquillages. ***Orientation :*** est/sud-est. ***Encépagement :*** 17 % tokay-pinot gris, 20 % gewurztraminer, 20 % riesling, 43 % en cours de replantation. ***Rendement :*** 50 à 60 hl/ha. ***Vente :*** sur place et par correspondance; Domaine Zind-Humbrecht, 34, rue du Maréchal-Joffre, 68000 Wintzenheim.

Les premières vignes y furent plantées à la fin du XVIIe siècle. Quand, par ordonnance royale, la culture de la vigne en plaine fut contingentée, les vins du Windsbuhl (situé à 300 mètres d'altitude, entre Riquewihr et Ribeauvillé), issus essentiellement de cépages nobles, « Edelgewächse », jouissaient d'une solide réputation; à Strasbourg, en particulier et, au siècle suivant, à Lucerne. Des chariots attelés de quatre à six chevaux, dont on entendait de loin tinter les clochettes suspendues à leur cou, les y acheminaient d'une traite. Entre temps, le domaine avait été acquis par les Hoffmann. En 1859, à l'âge de 40 ans, Gustave Hoffmann épousa Caroline Meyer de Riquewihr, à peine âgée de 17 ans. Mais, en dépit de son mariage, il ne put se résoudre à se séparer de sa gouvernante Charlotte, qui lui avait donné un fils, Childebert. La jeune épousée demanda le divorce. Le sieur Hoffmann mourut en 1868, et le Windsbuhl fut partagé entre deux membres de sa famille.

Mais la vengeance est un plat qui se mange froid... En effet, en 1865, un neveu de la femme divorcée de Gustave, Albert Meyer, acquit le domaine pour le prix de 61 600 marks. Il embellit la demeure et les vignes. Bérengère Meyer, qui œuvra avec son mari et un chef de culture à la difficile remise en valeur du domaine après la guerre de 1939-1945, a choisi de les louer, il y a peu, d'abord à un groupe de jeunes viticulteurs de Hunawihr et, enfin, à Léonard Humbrecht. Gageons que tokay-pinot gris et pinot blanc du Clos du Windsbuhl feront parler d'eux.

Clos du Zahnacker (Cave coopérative de Ribeauvillé et environs)

Commune : 68150 Ribeauvillé. ***Propriétaire :*** Cave coopérative de Ribeauvillé et environs. ***Superficie :*** 1 ha 20 a. ***Nature du sol :*** argilo-calcaire. ***Orientation :*** sud-est. ***Encépagement :*** 33 % gewurztraminer, 33 % tokay-pinot gris, 33 % riesling (en vue d'un assemblage). ***Age moyen :*** 15 ans. ***Rendement :*** 70 hl/ha. ***Vente :*** sur place et par correspondance; Cave coopérative de Ribeauvillé et environs, 2, route de Colmar, 68150 Ribeauvillé.

Victor Rendu, inspecteur général de l'Agriculture, écrivait dans son *Ampélographie française* (2e édition, Paris, 1857) : « Le Zahnacker occupe le versant méridional d'un coteau fortement incliné; le sol y est très pierreux. » Et il donnait la composition suivante :

Oxyde de fer	4,650	Carbonate de chaux	1,340
Alumine	2,500	Matières organiques	2,059
Magnésie	0,621	Sels alcalins	0,973
Silice soluble	0,110	Résidu insoluble	87,582
Acide phosphorique	0,175	*Total*	100,000

Tout en déplorant l'exiguïté de ce Clos en forme de triangle, entouré d'une haie vive, il louait la grande finesse et le bouquet très développé de ses vins. Et il ajoutait que le rendement moyen de l'hectare était de 50 hectolitres dans la côte de Ribeauvillé et que l'hectolitre de « Clos du Zahnacker » atteignait des prix élevés. Des arbres fruitiers s'y mêlaient aux pieds de vignes, suivant une habitude du vignoble alsacien (offrant un abri aux oiseaux destructeurs d'insectes), confirmée par le fait qu'un habitant de Ribeauvillé et sa femme y furent surpris en train de voler des cerises, en juillet 1672! Sa mention comme vigne seigneuriale en 1491, par l'urbaire des Ribeaupierre, sous le nom de « Martin Zahns Acker », relève d'une coutume longtemps en vigueur qui consistait à désigner une vigne par le nom de son exploitant (et non de son propriétaire). Au XVIIe siècle, il était considéré comme la meilleure vigne des Ribeaupierre; planté de cépages nobles, les pieds morts étaient toujours remplacés par des bois pris dans la même pièce.

Créée en 1895, la Cave coopérative vinicole de Ribeauvillé acquit, en 1965, la dernière parcelle manquant à la reconstitution du « Zahnacker ». Le précieux hanap conservé au musée de l'Hôtel-de-Ville est associé au vin du Clos du Zahnacker (composé des

Au musée de Ribeauvillé, ces hanaps témoignent de la richesse des Ribeaupierre.

trois cépages récoltés et vinifiés ensemble, à la différence de l'Edelzwicker, qui est un assemblage de vins), parce qu'il est plaisant et vraisemblable de songer que Louis XIV, de passage à Ribeauvillé, y ait bu de ce cru, précisément.

Clos Zisser (Domaine Klipfel)

Commune : 67140 Barr. ***Propriétaire :*** Domaine Klipfel. ***Superficie :*** 5 ha. ***Nature du sol :*** argilo-calcaire. ***Orientation :*** plein sud. ***Encépagement :*** 100 % gewurztraminer. ***Rendement :*** 40 à 50 hl/ha. ***Vente :*** sur place et par correspondance; Domaine Klipfel, 67140 Barr.

Le vignoble alsacien a ses microclimats : le Clos Zisser, sur la pente du Kirchberg de Barr, en est une illustration... En effet, selon les témoignages des vieux Barrois, ces vignes furent avant tout clôturées parce qu'à l'approche des vendanges, elles attiraient trop les voleurs, les raisins y étant mûrs une quinzaine de jours plus tôt qu'à l'entour! Hormis une brève période d'abandon due à l'épidémie de phylloxéra, leur exploitation a été poursuivie sans relâche par la famille Klipfel. Figure notoire de la viticulture alsacienne au lendemain de la Seconde Guerre mondiale, Louis Klipfel œuvra en particulier pour sa remise en valeur. Amateur de porto, de malaga et de sauternes, il plaçait son plaisir et sa fierté à obtenir des vins d'Alsace doux, de Vendanges tardives ou de Sélections de grains nobles avant l'heure, à moins qu'il n'ait tout simplement renoué avec la noble tradition des vins de paille...
Ses descendants restent conscients de la particularité de ce Clos, qu'ils préservent, tant au niveau de la culture (par une taille sur huit yeux seulement) que de la vinification; en témoignent les Vendanges tardives, voire les Sélections de grains nobles, pour les millésimes hors pairs, tel 1976, qui ont, en quelque sorte, la valeur d'un hommage posthume.

Champ de fractures de Saverne

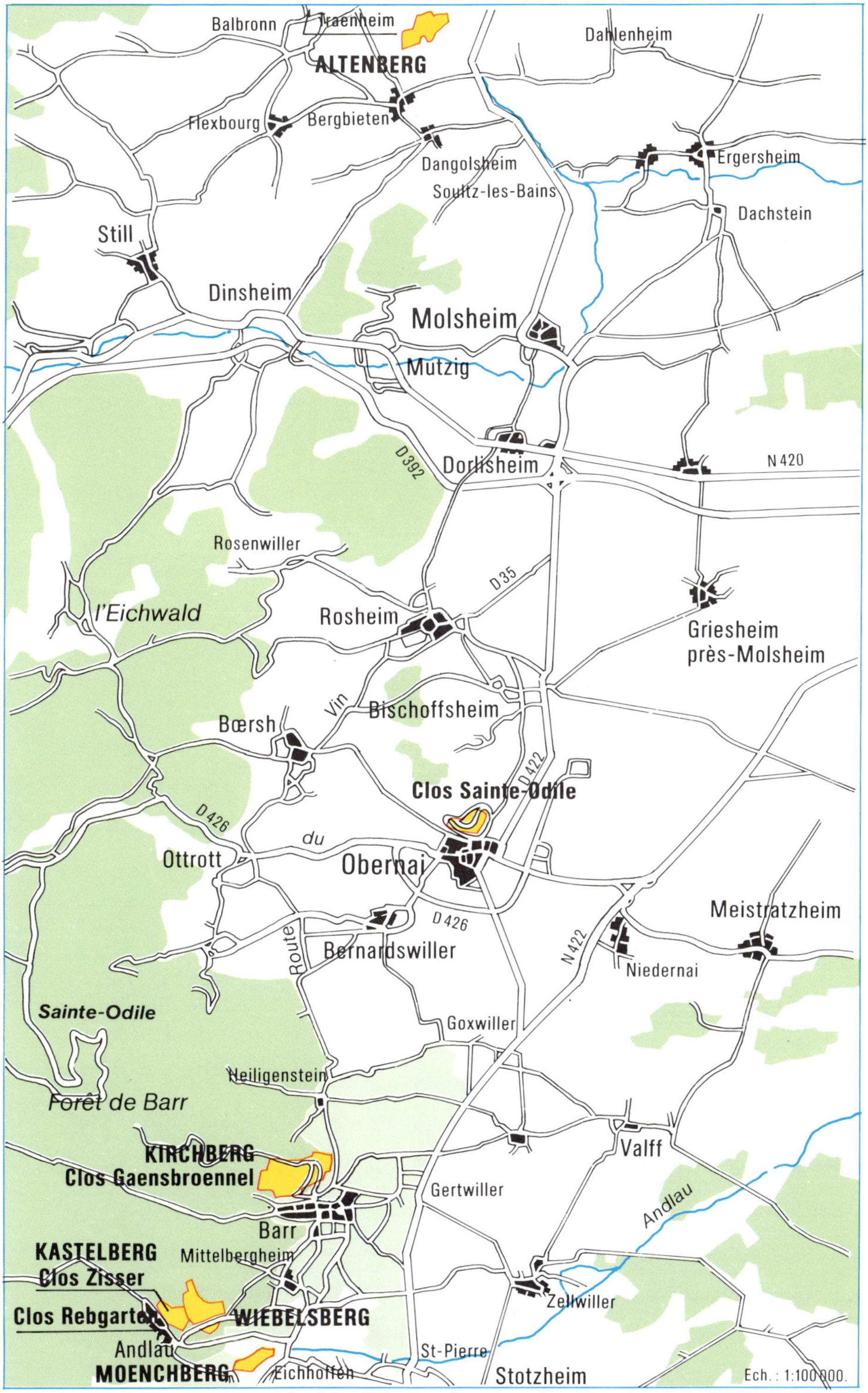

Champ de fractures de Ribeauvillé

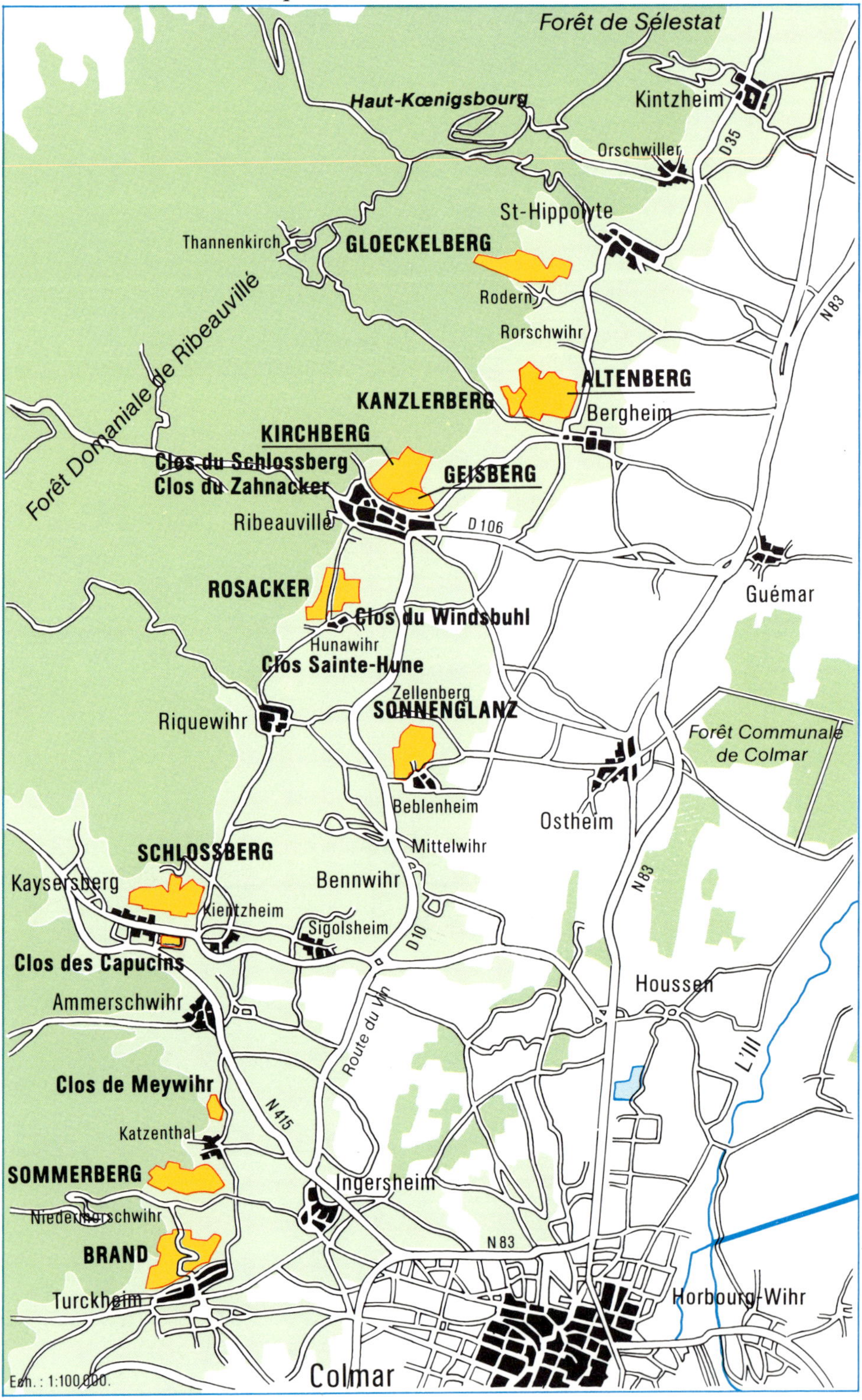

Champ de fractures de Rouffach-Guebwiller

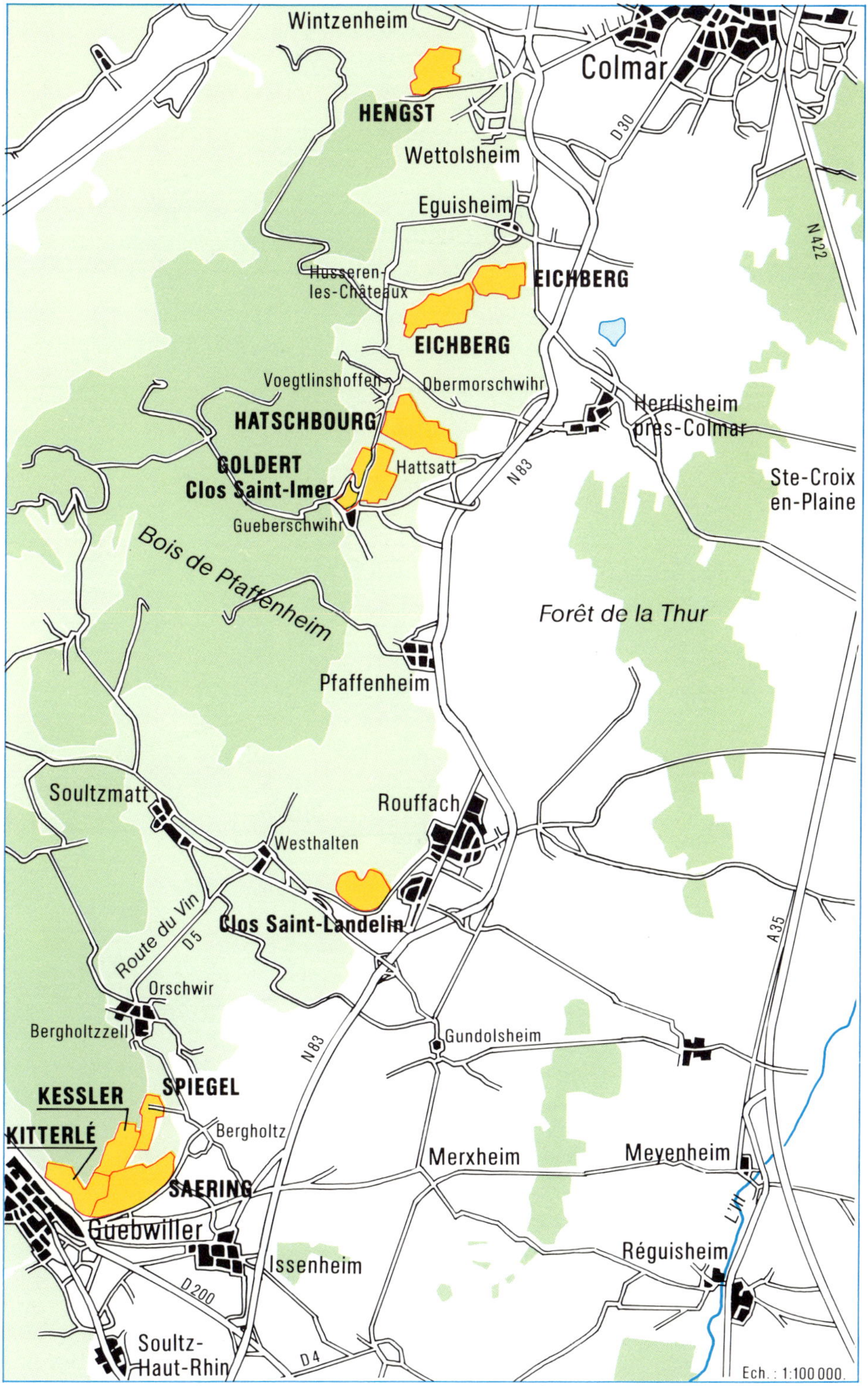

Champ de fractures de Thann

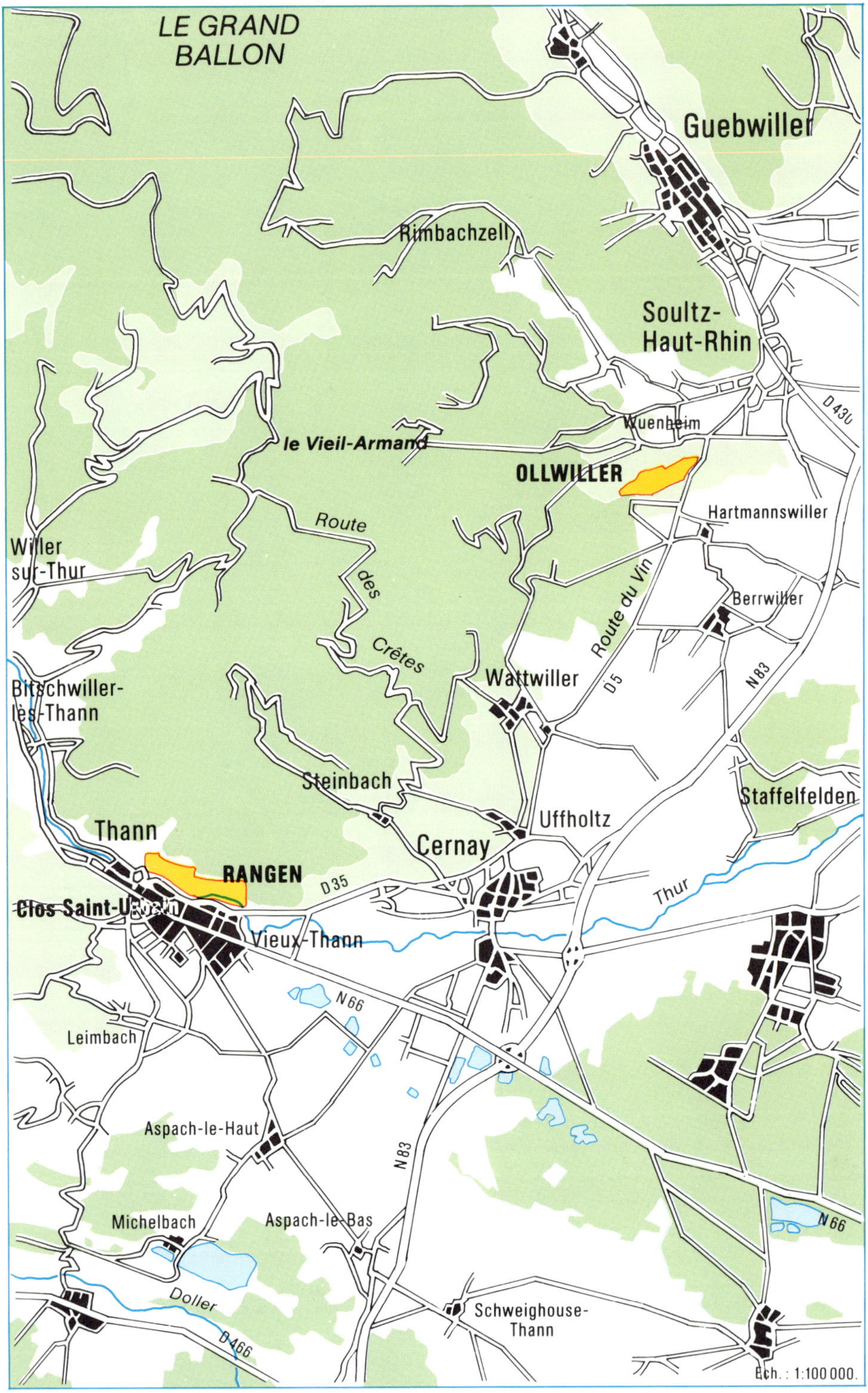

Les Grands Crus d'Alsace

« Il faut donner sa chance à chacun, quitte à créer des usages », affirmait un haut fonctionnaire qui voyait l'avenir dans les vins de table.
Point n'est besoin de « créer (?) des usages », il suffit de remettre à l'honneur ceux qui ont contribué au renom d'une région, là où ils furent parfois un peu oubliés ou négligés... Aux archives et aux ouvrages, s'ajoute la transmission orale, car les anciens savaient non seulement où poussait le bon, voire le meilleur vin, mais aussi où chaque cépage réussissait le mieux!
En ce dernier quart du XXe siècle, et avant l'échéance européenne de 1992, le vignoble alsacien a connu un branlebas de combat, suite aux décrets de 1971, 1975 et 1983 précisant l'appellation d'origine contrôlée « Alsace Grand Cru ».
Les maîtres d'œuvre en furent les Syndicats viticoles et le Comité régional de l'INAO, qui nomma deux commissions. La première, appelée Commission Ducellier, du nom de son président, s'attela à la tâche par une vérification systématique de l'antériorité

des noms de lieux-dits revendiqués et de leur connotation qualitative; en un deuxième temps, furent passés au crible géologie et microclimats, en vue de déterminer si les conditions de production de vins d'une qualité élevée étaient réunies. En cas d'avis favorable, intervenait la Commission Ritzenthaler, qui avait pour mission de fixer les limites précises de chacun des lieux-dits, parcelle cadastrale après parcelle, en rayonnant à partir du cœur. Le concours de spécialistes du CNRS et de l'université de Strasbourg, ainsi que de la station d'agronomie de l'INRA de Colmar, fut apporté. Pied à pied (au sens parfois littéral de l'expression), les propositions des Syndicats viticoles étaient examinées; parfois acceptées, plus souvent réduites, rarement agrandies; certaines restent en suspens.

Mais il ne suffit pas de posséder ou de cultiver des vignes dans ces aires pour avoir droit, une fois pour toutes, à l'appellation « Alsace Grand Cru »; en effet, elle reste subordonnée à l'application de règles fixant le rendement maximal, l'encépagement limité aux muscat, riesling, tokay-pinot gris et gewurztraminer qui doivent provenir de moûts titrant au minimum 10° pour les premiers et 11° pour les seconds (vérifiés le jour de la vendange par l'INAO); enfin, cap ultime : leur agrément est soumis à une dégustation officielle qui regroupe œnologues et professionnels...

Le 1er mars 1984, un nouveau décret concernant la mention « Vendanges tardives » et « Sélection de grains nobles » constituait le point d'orgue d'une réglementation des plus exigeantes et des plus précises qui soient au monde.

Pour l'heure, il n'existe aucune publication donnant un aperçu complet des viticulteurs qui commercialisent leurs vins sous l'appellation « Alsace Grand Cru », suivie du nom du lieu-dit, en conformité avec les textes. Il a été publié, il y a quelque temps déjà, sous la forme d'un dossier réalisé avec le concours de l'INAO, une série de fiches techniques évoquant les seuls producteurs affiliés à l'Association pour la défense des grands crus d'Alsace. La plaquette éditée par le CIVA en juin 1988 ne cite pas de producteurs, mais présente 50 lieux-dits Grands Crus, dont 25 seulement définitivement délimités.

Il n'est pas dans notre propos de rechercher pourquoi certains ont été retenus avant d'autres. Disons simplement que le décret du 23 novembre 1983 incluait les lieux-dits pour lesquels Syndicats viticoles et instances administratives étaient en accord, dans les délais fixés.

Coupons par conséquent la grappe en deux, sans états d'âme, puisque un autre tome sera consacré aux élus de la prochaine « cuvée », et sans nous attarder au fait qu'une tolérance les autorise à utiliser la mention « Grand Cru », sans le terme « Alsace », en attendant leur délimitation définitive.

Et accordons présentement toute notre attention aux 25 lieux-dits « Alsace Grand Cru » qui figurent déjà sur l'inventaire du patrimoine si riche de l'Alsace viticole; 20 pour le Haut-Rhin, 5 pour le Bas-Rhin, ils racontent tous, à des degrés divers, l'histoire d'un terroir connu de longue date, d'un climat privilégié et de cépages choisis.

Altenberg (Bergbieten)

Commune : Bergbieten. ***Champ de fractures :*** Saverne. ***Carte :*** page 111.
C'est le plus nordique des actuels lieux-dits d'Alsace, bien qu'il se trouve à presque un degré de latitude plus au sud que la ville de Reims. Il est situé sur le finage de la commune de Bergbieten, d'origine mérovingienne (un ancien cimetière en fait foi), et qui fut fortifiée à la fin du XIVe siècle, peu avant d'obtenir son statut de « ville à part entière », à l'instar de Molsheim, sa proche voisine. L'Altenberg (« la vieille montagne ») fournissait en vins, dès le Moyen Age, les congrégations religieuses des environs, comme l'attestent divers documents d'époque.
Reconnu « Alsace Grand Cru » le 19 août 1981 par le Comité national de l'INAO, il recouvre 27 hectares 26 ares de terroir bien ensoleillé, constitué de dépôts successifs du keuper inférieur, moyen et supérieur : marnes irrisées et dolomies du trias. Le sol y est homogène, quoique un peu lourd car très marneux, mais aéré et réchauffé par la présence de cailloutis, dus à l'affleurement par endroits de bancs de dolomies.
Moyennement pentu, de 210 à 265 m, ce lieu-dit a une exposition privilégiée, sud/sud-est, qui lui permet d'obtenir des riesling de grande qualité, vins très floraux, tendres et subtils, avec des arômes persistants. Les autres cépages nobles y réussissent également.

Dans la brume naissante de l'automne, les vendanges apportent couleur et animation.

Leininger, Gilbert

11, rue Sultzer, 67140 Barr

Mochel, Frédéric

Commune : 67310 Traenheim. ***Propriétaire :*** Frédéric Mochel. ***Superficie :*** 4 ha 20 a. ***Nature du sol :*** argilo-calcaire. ***Orientation :*** sud. ***Encépagement :*** 10 % muscat, 40 % gewurztraminer, 50 % riesling. ***Age moyen :*** 25 ans. ***Rendement :*** 60 hl/ha. ***Vente :*** sur place et par correspondance; Frédéric Mochel, 56, rue Principale, 67310 Traenheim.

Il y a trois Frédéric dans la maison. Voilà pourquoi on a nommé les petits-enfants Guillaume et Thiébault. Mais le riesling « Grand Cru Altenberg » des meilleurs millésimes, issus de vignes de plus de 35 ans, s'appelle Cuvée Henriette, en hommage à Henriette Mochel qui vient de fêter ses 81 ans et continue à s'intéresser, comme au premier jour, à la bonne marche de cette demeure vigneronne où une place de choix est dévolue au pressoir datant de 1669, dans la jolie cour pavée à l'ancienne.

Mochel-Lorentz

Commune : 67310 Traenheim. ***Propriétaire :*** GAEC Mochel-Lorentz. ***Superficie :*** 2 ha 32 a. ***Nature du sol :*** argilo-calcaire. ***Orientation :*** sud. ***Encépagement :*** 32 % riesling, 68 % gewurztraminer. ***Age moyen :*** 25 ans. ***Rendement :*** 60 hl/ha. ***Vente :*** sur place et par correspondance; GAEC Mochel-Lorentz, 19, rue Principale, 67310 Traenheim.

Schmitt, Roland

Commune : 67310 Bergbieten. ***Propriétaire :*** Roland Schmitt. ***Superficie :*** 2 ha 10 a. ***Nature du sol :*** argilo-calcaire. ***Orientation :*** sud. ***Encépagement :*** 15 % tokay-pinot gris, 30 % gewurztraminer, 55 % riesling. ***Age moyen :*** 25 ans. ***Rendement :*** 60 hl/ha. ***Vente :*** sur place et par correspondance; Roland Schmitt, 50, rue des Vosges, 67310 Bergbieten.

A pente rude, hottier courageux!

Cave vinicole de Traenheim

Commune : 67310 Bergbieten. ***Propriétaires :*** nombreux. ***Nature du sol :*** argilo-calcaire. ***Orientation :*** sud. ***Encépagement :*** riesling. ***Age moyen :*** 20 ans. ***Rendement :*** 60 hl/ha. ***Vente :*** sur place et par correspondance; Cave vinicole de Traenheim, 1, rue du Scharrach, 67310 Traenheim.

Hagen de Tronje (Traenheim), qui donna son nom à un des héros du *Niebelungenlied*, aurait été originaire de ce village. L'importante cave vinicole n'a cependant pas donné son nom à la cuvée de riesling issue de l'Altenberg, qui se suffit sans doute à lui-même.

Altenberg et Kanzlerberg (Bergheim)

Commune : Bergheim. ***Champ de fractures :*** Ribeauvillé. ***Carte :*** page 112.
A Bergheim, les restes d'une opulente villa gallo-romaine, dont une des splendides mosaïques de pavement a été reconstituée au musée d'Unterlinden de Colmar, atteste l'ancienneté de ce village et souligne sa richesse agricole depuis le début de notre ère. L'ancien Perchhaim, devenu Bergheim en 1311, a toujours été un terroir convoité et n'en a pas moins changé plus de trente fois de suzerain en un millénaire. Cela explique le réseau complexe des fortifications qui entoure encore la cité, destiné à protéger à l'occasion les habitants, mais surtout les trésors contenus dans leurs caves. Car la

Bergheim, antique cité viticole, protégée par ses remparts au milieu du vignoble.

localité est dominée par le mamelon du Grasberg, hauteur qui s'avance dans la plaine d'Alsace comme un doigt et arrête les vents froids du nord. Sur la face sud, s'étalent deux Grands Crus connus depuis le XIIe siècle, l'Altenberg (ou montagne de l'Autel... peut-être dédié à Bacchus?) et le Kanzlerberg (du nom des chevaliers de Saint-Jean qui y possédaient un domaine).

L'Altenberg couvre 34 ha orientés plein sud, sur une pente accentuée. Il se trouve au cœur du champ de failles de Ribeauvillé, qui met en contact et superpose des calcaires et des marnes essentiellement du jurassique moyen et inférieur. Riches en fer, ces éléments ont donné naissance à des sols argilo-calcaires rouges, très caillouteux, peu profonds et riches en fossiles. Par expérience, les cépages les mieux adaptés y sont le gewurztraminer et le riesling.

Les 2 ha 66 a du Kanzlerberg sont orientés sud/sud-ouest (ce qui est rare en Alsace). Si ce lieu-dit semble le prolongement de l'Altenberg, la nature de son terrain en diffère sensiblement : c'est aussi une base argilo-calcaire, mais aux composantes particulières et insolites dans le vignoble; la présence de marnes grises et noires à gypse et muschelkalk donne des sols très lourds. D'où la typicité des gewurztraminer, tokay-pinot gris et riesling produits à cet endroit.

Deiss, Marcel

◇ *Altenberg*
Commune : 68750 Bergheim. ***Propriétaire :*** Marcel Deiss et Fils. ***Superficie :*** 2 ha 20 a. ***Nature du sol :*** argilo-calcaire. ***Orientation :*** sud. ***Encépagement :*** 30 % riesling, 70 % gewurztraminer. ***Age moyen :*** 15 à 25 ans. ***Rendement :*** 50 hl/ha. ***Vente :*** sur place et par correspondance; Marcel Deiss et Fils, 15, Route du Vin, 68750 Bergheim.

Jean-Michel Deiss a quelque chose des personnages qui ornent les verrous des anciens fûts sculptés alsaciens, entre le Bacchus enfant et les angelots joyeux. Est-ce son sourire un peu malicieux, sa vivacité qui rappellent un rien le Puck du *Songe d'une nuit d'été* de Shakespeare? Quoi qu'il en soit, le secrétaire de l'« Association pour la défense des Grands Crus d'Alsace » met une énergie égale à faire connaître ce qu'il considère comme « le patrimoine extraordinaire de cette province », et à s'occuper du domaine familial, dans la jolie cité de Bergheim. Il compare inlassablement les mille et une nuances entre terroirs et jongle, non sans bonheur, avec les « mots du vin ». Son enthousiasme est partagé par Clarisse qui, de Paris à Bruxelles, accompagne son mari. Ils n'en oublient pas pour autant le chemin de leurs vignes. Celles de l'Altenberg leur importent particulièrement, car les riesling qui en portent l'empreinte parlent « plénitude, richesse et maturité rare ».

Engel

◇ *Altenberg*
Commune : 68750 Bergheim. ***Propriétaire :*** GAEC Engel. ***Superficie :*** 1 ha 20 a. ***Nature du sol :*** argilo-calcaire. ***Orientation :*** sud. ***Encépagement :*** 10 % tokay-pinot gris, 90 % gewurztraminer. ***Age moyen :*** 25 ans. ***Rendement :*** 65 hl/ha. ***Vente :*** sur place et par correspondance; Fernand Engel et Fils, 68590 Rorschwihr.

Si vous étiez viticulteur et si votre patronyme signifiait « ange », adopteriez-vous comme porte-enseigne un angelot souriant et déluré, tendant victorieusement un raisin presque aussi grand que lui? Ce fut le choix de la famille Engel, dont la coquette propriété fleurie se situe au pied du château du Haut-Koenigsbourg et sur la Route du Vin, et offre des chambres d'hôtes. Dans la cave, leur cuvée d'Altenberg Grand Cru attend sa mise en bouteilles proche.

Freyburger et Fils, Louis

◇ *Altenberg*
Commune : 68750 Bergheim. ***Propriétaire :*** Louis Freyburger et Fils. ***Superficie :*** 1 ha. ***Nature du sol :*** argilo-calcaire. ***Orientation :*** sud. ***Encépagement :*** riesling, gewurztraminer. ***Age***

moyen : 30 ans. ***Rendement :*** 60 hl. ***Vente :*** sur place et par correspondance; Louis Freyburger et Fils, rue Maire-Witzig, 68750 Bergheim.

Halbeisen et Fils, Jean

◇ *Altenberg*
Commune : 68750 Bergheim. ***Propriétaire :*** Jean Halbeisen et Fils. ***Superficie :*** 57 a. ***Nature du sol :*** argilo-calcaire. ***Orientation :*** sud. ***Encépagement :*** 100 % gewurztraminer. ***Age moyen :*** 9 ans. ***Rendement :*** 45 hl/ha. ***Vente :*** sur place et par correspondance; Jean Halbeisen et Fils, 43, Grand-Rue, 68750 Bergheim.
Marie-Thérèse et Jean Halbeisen, avec l'aide de leur fils André et de leur bru Michèle, exploitent 11 ha de vignes et commercialisent toute leur production en bouteilles depuis 1971, partageant leurs journées entre le vignoble et la cave pour accueillir particuliers et groupes, quand ils ne se rendent pas, avec leur camion, aux diverses foires et manifestations populaires diverses. Parmi leurs vignes de Riquewihr, Colmar, Kaysersberg et Bergheim – leur port d'attache – ne pressent-on pas un faible pour leur gewurztraminer de l'Altenberg? Voilà qui incite à une dégustation comparée!

Koehly

◇ *Altenberg*
Commune : 68750 Bergheim. ***Propriétaire :*** Vignobles Charles Koehly et Fils. ***Superficie :*** 80 a. ***Nature du sol :*** argilo-calcaire. ***Orientation :*** sud. ***Encépagement :*** riesling, gewurztraminer. ***Age moyen :*** 10 ans. ***Rendement :*** 60 hl/ha. ***Vente :*** sur place et par correspondance; Vignobles Charles Koehly et Fils, 36, rue du Pinot-Noir, 68590 Rodern.
Christian Koehly récusait, dans le numéro de mai 1986 de *la Revue du Vin de France*, l'association d'idées « vin d'Alsace – produit de grosse consommation – ligne bleue des Vosges – cigognes – kougelhopf – coiffe alsacienne » et se prononçait en faveur d'une « politique de crus » liée à une « politique de marque ». Ce jeune viticulteur, que d'aucuns aiment à situer à mi-chemin entre le marketing et la terre, ne manque pas une seule vente de parcelles d'un lieu-dit Grand Cru. C'est ainsi que, en accord avec son père, ont été acquis 80 a d'Altenberg de Bergheim, qui ont coïncidé avec l'achat de cuves inox à contrôle de température. Gageons que, président du CIVA (depuis le printemps 1988), également secrétaire général du SYNVIRA (Syndicat des viticulteurs-récoltants), Christian Koehly, qui affirmait avoir des projets plein la tête, trouvera un champ d'action à la mesure de son dynamisme.

Porte haute du XIIIe siècle.

Lorentz

Commune : 68750 Bergheim. ***Propriétaire :*** Gustave Lorentz. ***Vente :*** sur place et par correspondance; Gustave Lorentz, 35, Grand-Rue, 68750 Bergheim.

Pignons à redans et maisons à colombages, alignés au cordeau tels des rangs de vigne.

◇ *Altenberg*
Superficie : 11 ha 20 a 32 ca. ***Nature du sol :*** argilo-calcaire. ***Orientation :*** sud/sud-est. ***Encépagement :*** 7 % muscat, 10,5 % tokay-pinot gris, 24,5 % riesling, 58 % gewurztraminer. ***Age moyen :*** 30 ans. ***Rendement :*** 45 hl/ha.
◇ *Kanzlerberg*
Superficie : 1 ha 31 a 70 ca. ***Nature du sol :*** argilo-calcaire avec marnes à gypse. ***Orientation :*** sud/sud-ouest. ***Encépagement :*** 19 % tokay-pinot gris, 33 % gewurztraminer, 48 % riesling. ***Age moyen :*** 40 ans. ***Rendement :*** 40 hl/ha.
Jacques Lorentz, gourmet, fonda cette maison réputée de viticulteurs-négociants en 1836. Une aquarelle aux couleurs chaudes de Robert Kuven représente le grand porche, la cour et son puits de grès rose et l'un des bâtiments d'habitation, aux riches croisées. Les caves, d'une capacité de 20 000 hectolitres, alignent foudres de chêne et cuves récentes. Un stock d'un million de bouteilles est assuré.
Sur les quelque 30 ha de vignes de la maison Gustave Lorentz, celles du Kanzlerberg et de l'Altenberg occupent une place privilégiée. Le premier terroir permet « une maturation longue et progressive de la vigne qui trouve dans ce sol lourd toutes les ressources nécessaires, même dans une année de sécheresse » et demande « le vieillissement de ses vins, afin d'atteindre puissance et ampleur »; les vins issus du second, en revanche, « rappellent au bout de quelques années les fossiles du terroir natal ». Auguste Baffrey, l'œnologue de la maison, est aussi passionné d'étymologie (l'explication du mot *Kanz*, provenant d'une déformation de Hans, lui revient).

Spielmann, Jean-Martin

Commune : 68750 Bergheim. ***Propriétaire :*** Jean-Martin Spielmann. ***Vente :*** sur place et par correspondance; Jean-Martin Spielmann, 2, route de Thannenkirch, 68750 Bergheim.
◇ *Altenberg*
Superficie : 60 a. ***Nature du sol :*** argilo-calcaire. ***Orientation :*** sud. ***Encépagement :*** 100 % gewurztraminer. ***Age moyen :*** 8 ans. ***Rendement :*** 55 à 60 hl/ha.
◇ *Kanzlerberg*
Superficie : 1 ha 28 a. ***Nature du sol :*** argilo-calcaire avec marnes à gypse. ***Orientation :*** sud/sud-ouest. ***Encépagement :*** 30 % gewurztraminer, 70 % riesling. ***Age moyen :*** 12 à 18 ans. ***Rendement :*** 55 à 60 hl/ha.
Jean-Martin Spielmann produit des vins plutôt bien typés. L'on y retrouve « les arômes fins et intenses, à dominante fleurie » qu'il prend plaisir à nous signaler.

Brand (Turckheim)

Commune : Turckheim. ***Champ de fractures :*** Ribeauvillé. ***Carte :*** page 112.
La légende veut qu'il y a très longtemps, le soleil combattit un dragon sur ce lieu-dit. Vaincu, ce dernier se réfugia dans une grotte profonde du sommet, perdant son sang, qui fertilisa la terre du Brand, la « terre de feu ». Coïncidence? C'est par le Brand que Turenne engagea son mouvement tournant en 1675, qui contraignit les Impériaux à repasser le Rhin... Plus prosaïquement, l'origine du nom serait due au mode de défrichage par le feu, selon M. Barth.
La réputation des vins de Turckheim, ville libre depuis 1312, n'est plus à faire et le Brand en reste le fleuron. Ce lieu-dit éminent repose entièrement sur un substratum granitique, essentiellement « granit dit de Turckheim », à deux micas fréquemment rubéfié ou jaunâtre, altéré en arène plus ou moins profonde. Cela donne des sols bruns acides, sableux et grossiers, moyennement fertiles mais exceptionnellement ensoleillés, pendant la maturation, grâce à l'exposition plein sud. D'où des riesling, gewurztraminer et tokay-pinot gris riches en alcool, mais d'une grande finesse, subtils et d'un fruité très particulier. « Passant... de nos crus fais ton choix. Arrête-toi et bois! »

Les fils de palissage participent aussi à la poésie du lieu.

Dopff

Commune : 68230 Turckheim. ***Propriétaire :*** SA Domaines Dopff. ***Superficie :*** 3 ha 19 a. ***Nature du sol :*** granit. ***Orientation :*** sud/sud-est. ***Age moyen :*** 20 ans. ***Encépagement :*** 100 % gewurztraminer. ***Rendement :*** 60 hl/ha. ***Vente :*** sur place et par correspondance; Domaines Dopff, « Au Moulin », 68340 Riquewihr.
Le nom « Dopff » est lié à l'histoire de la viticulture alsacienne depuis le XVIIe siècle où leurs ancêtres, maîtres tonneliers, le portaient avec talent, déjà. Au siècle dernier, devenus producteurs négociants, ils comptèrent parmi les pionniers de la mise en bouteilles des vins

d'Alsace. Aujourd'hui, cette Maison possède 70 ha en vignes propres, dont un peu plus de 3 ha « en exposition abritée » dans le lieu-dit Brand, « qui fait souffrir la vigne, en année sèche ». Un des titres de gloire de ces très importants « propriétaires de vignobles au cœur de l'Alsace » reste celui de « fournisseur de la cour de Sa Majesté le Roi de Suède ». Il est vrai que depuis Bernadotte, les épisodes tragiques de la guerre de Trente Ans sont passés à l'arrière plan!

Hurst

Commune : 68230 Turckheim. ***Propriétaire :*** Auguste Hurst et Fils. ***Superficie :*** 5 ha 16 a. ***Nature du sol :*** granit. ***Orientation :*** sud. ***Age moyen :*** 80 % de plus de 20 ans. ***Encépagement :*** 30 % gewurztraminer, 11 % muscat, 31 % riesling, 14 % tokay-pinot gris, 14 % pinot noir. ***Rendement :*** 49 hl/ha. ***Vente :*** sur place et par correspondance; Auguste Hurst et Fils, 5, rue Sainte-Anne, BP 46, 68230 Turckheim.

« Auguste Hurst et Fils, vignerons au Brand », ou encore, « principaux vignerons du Brand », voilà pour les présentations! On peut ajouter que depuis 1928, cette maison vend son vin en bouteilles. Les meilleures, dans les grands millésimes, sont numérotées; ainsi, en 1985, il y eut 6 500 bouteilles de gewurztraminer et 4 300 bouteilles de riesling « Grands Crus Brand »; en 1986, un peu moins. Il arrive aussi qu'une étiquette mentionne le numéro cadastral des parcelles du lieu-dit, en un souci de précision louable. « Riches en alcool, ces vins sont très équilibrés, malgré une acidité plutôt faible » et se caractérisent par « un petit goût de pierre à fusil ».

Sparr, Pierre

Commune : 68230 Turckheim. ***Propriétaires :*** Pierre Sparr et ses fils. ***Superficie :*** 1 ha 84 a 6 ca. ***Nature du sol :*** sablo-limoneux. ***Orientation :*** plein sud. ***Age moyen :*** 25 ans. ***Encépagement :*** 100 % gewurztraminer. ***Rendement :*** 60 hl/ha. ***Vente :*** sur place et par correspondance; Pierre Sparr et ses fils SA, BP 1, Sigolsheim, 68240 Kaysersberg.

Les beaux foudres de chêne aux verrous sculptés semblent rappeler les huit ou neuf générations de viticulteurs qui se sont succédé, dans la famille Sparr. Cuverie moderne, cave à bouteilles et salle des pressoirs aux dimensions peu communes, laissent d'emblée deviner que les ruines de la Seconde Guerre mondiale dans la poche de Colmar ont laissé la place à des installations modernes et rationnelles. En 1954, Pierre Sparr créa, avec ses fils René et Charles, la société anonyme sous la dénomination actuelle. Si la tradition du négoce, qui remonte à leur grand-père, se poursuit pour 150 ha avec Pierre (œnologue) et Bernard Sparr, ils n'en possèdent pas moins une trentaine d'hectares de vignes qui constituent le domaine. De la production à la distribution, plus de 2 millions de bouteilles – dont environ la moitié à l'exportation – portent l'emblème des Sparr : serpette de vigneron pour le passé,... étoiles pour le présent et l'avenir!

Leur gewurztraminer Grand Cru Brand y tient sa place, par sa finesse et son fruité très particulier.

Zind-Humbrecht (Domaine)

Commune : 68230 Turckheim. ***Propriétaires :*** Ginette et Léonard Zind-Humbrecht. ***Superficie :*** 1 ha 40 ares. ***Nature du sol :*** granit. ***Orientation :*** plein sud. ***Age moyen :*** 30 ans. ***Encépagement :*** 100 % riesling. ***Rendement :*** 40 hl/ha. ***Vente :*** sur place et par correspondance; Domaine Zind-Humbrecht, 34, rue du Maréchal-Joffre, 68000 Wintzenheim.

Geneviève Zind-Humbrecht, à ses (rares) heures de loisir, teste tantôt les accords mets-vins de la revue *Cuisine et Vins de France*, tantôt ses propres intuitions. Ainsi, il lui a semblé que leur riesling Vendanges tardives 1983 issu du Brand, « vin sec, sans sucre résiduel, donc excellent avec le poisson et surtout les crustacés (mais à éviter avec les coquillages), supporte en outre parfaitement les salades, sans craindre leur assaisonnement ». « Probatum! », comme le concluait le maître tonnelier d'autrefois, dont son oncle et parrain, l'abbé Laurent Zind,

Ginette et Léonard Zind-Humbrecht.

retraça le portrait, en archiviste patient et passionné, parmi mille autres anecdotes et faits du Moyen Age à nos jours.

Cave vinicole de Turckheim

Commune : 68230 Turckheim. ***Propriétaire :*** groupe de propriétaires affiliés à la cave vinicole. ***Superficie :*** 8 ha. ***Nature du sol :*** granit. ***Orientation :*** sud. ***Age moyen :*** 20 ans. ***Encépagement :*** 25 % gewurztraminer, 35 % riesling, 5 % muscat, 15 % tokay-pinot gris. ***Rendement :*** 60 hl/ha. ***Vente :*** sur place et par correspondance; Cave vinicole de Turckheim, 68230 Turckheim.

Le rayonnement de la cave vinicole de Turckheim, qui regroupe plusieurs centaines d'adhérents, est, pour une part certaine, dû à la personnalité de son directeur Jean-Paul Ritzenthaler qui, depuis sa fondation, la dynamise. Son rôle actif dans la mise sur pied de l'appellation Alsace Grand Cru, témoigne de la perdurance de cet élan.

Si les coopérateurs affiliés à cette cave possèdent des vignes dans cinq lieux-dits, d'Ollwiller au Schlossberg de Kientzheim, en passant par le Brand, le Hengst et le Sommerberg, pour l'heure, ne sont commercialisées, sous leur identité, que les cuvées issues du Brand, vu l'importance relative des parcelles concernées, exigeant toutefois une microvinification. Les pays du Marché commun, la Suisse, des particuliers et la Maison Nicolas : autant de clients fidèles de la cave vinicole de Turckheim qui a été une des premières à accorder à ses coopérateurs une plus-value pour la qualité des raisins présentés. Le riesling 1986, ouvert, fruité et complexe, se caractérise par un très beau nez.

Eichberg (Eguisheim)

Commune : Eguisheim. ***Champ de fractures :*** Rouffach-Guebwiller. ***Carte :*** page 113.
Le château bâti en 720 par le comte Eberhard, neveu de sainte Odile, donna son nom à la ville d'Eguisheim. En 1002, y naquit l'un de ses plus célèbres descendants, Bruno, plus connu comme pape sous le nom de Léon IX, qui n'oublia pas son Alsace et son Eguisheim natales, puisqu'il y revint pour consacrer de nombreuses paroisses; sans doute apprécia-t-il les crus locaux. En fit-il venir à Rome? L'histoire ne le dit pas, d'autant que la route commerciale des Alpes, par le Saint-Gothard, ne devait s'ouvrir que deux siècles plus tard.

Très tôt, l'abbaye de Marbach, proche voisine, jeta son dévolu sur les terres prometteuses dénommées « Eissche », se donnant ainsi les moyens de percevoir un impôt sur l'Eichberg.

De nos jours, ce Grand Cru couvre 45 ha 60 a, répartis en deux ensembles séparés par un thalweg qui marque un changement d'exposition. De pente moyenne, exposées régulièrement sud-est, les vignes de l'Eichberg poussent sur des dépôts interstratifiés de marnes et conglomérats d'origine oligocène, qui forment un sol homogène de nature argilo-calcaire. Compte tenu de la nature du sol et de l'exposition, le gewurztraminer y trouve une situation favorable.

Baur, Charles

Commune : 68420 Eguisheim. ***Propriétaire :*** Armand Baur Succ. ***Superficie :*** 1 ha 68 a. ***Age moyen :*** 20 ans. ***Nature du sol :*** argilo-calcaire. ***Orientation :*** sud/sud-est. ***Encépagement :*** 31 % muscat, 24 % riesling, 24 % tokay-pinot gris, 21 % gewurztraminer. ***Rendement :*** 60 hl/ha. ***Vente :*** sur place et par correspondance; Charles Baur, 29, Grand-Rue, 68420 Eguisheim.

Les collectionneurs d'étiquettes aimeront le dégradé très doux dans les tons ocre, jaune pâle et blanc de celle-ci; graphiquement, tout y est : les maisons à colombage, le clocher coiffé d'un nid de cigognes, le vignoble en coteaux qui grimpe vers la montagne dominée par les trois châteaux d'Eguisheim et le nom du fondateur, couronné d'une frise de raisins. Son successeur, Armand Baur, insiste sur la charpente et la note de terroir prononcée des vins issus de l'Eichberg. Soulignons la place importante dévolue au muscat.

« O saisons, ô châteaux... »
Les vignes à l'assaut de la colline.

Gaschy, Paul

Commune : 68420 Eguisheim. ***Propriétaire :*** Bernard Gaschy Succ. ***Superficie :*** 44 a. ***Age moyen :*** 18 ans. ***Nature du sol :*** argilo-calcaire. ***Orientation :*** sud. ***Encépagement :*** 100 % riesling. ***Rendement :*** 70 hl/ha. ***Vente :*** sur place et par correspondance; Bernard Gaschy, 16, Grand-Rue, 68420 Eguisheim.

Très discret sur lui-même, Bernard Gaschy, successeur de Paul Gaschy, viticulteur-négociant, signale l'existence d'un sentier bordé de panneaux sur les travaux de la vigne et les cépages, qui permet aux promeneurs de parcourir les chemins ruraux, entre les rangées de vignes, dans le ban d'Eguisheim. Le point de vue sur l'Eichberg y est superbe.

Balcons fleuris et colombages de tous les âges.

Ginglinger, Paul

Commune : 68420 Eguisheim. ***Propriétaire :*** Paul Ginglinger. ***Superficie :*** 2 ha 5 a. ***Age moyen :*** 20 à 40 ans. ***Nature du sol :*** argilo-calcaire. ***Orientation :*** sud. ***Encépagement :*** 50 % gewurztraminer, 30 % riesling, 5 % muscat, 15 % tokay-pinot gris. ***Rendement :*** 60 hl/ha. ***Vente :*** sur place et par correspondance; Paul Ginglinger, 8, place Charles-de-Gaulle, 68420 Eguisheim.

Fraîcheur en bouche et richesse alcoolique caractérisent gewurztraminer et tokay-pinot gris qui prédominent dans l'encépagement de l'Eichberg, constate Paul Ginglinger, qui est aussi le président dévoué de la Société d'Histoire d'Eguisheim au passé si riche. Quant à l'art et à la manière de mettre en valeur ce terroir, ils se résument, pour lui, en cinq principes de base : « Conduite de la vigne axée sur un rendement modéré, vinification traditionnelle, pas de levurage, vin élevé sous bois, avec fermentation à basse température. »

Ginglinger, Pierre-Henri

Commune : 68420 Eguisheim. ***Propriétaire :*** Pierre-Henri Ginglinger. ***Superficie :*** 69 a 30 ca. ***Nature du sol :*** argilo-calcaire. ***Orientation :*** sud-est. ***Encépagement :*** gewurztraminer, riesling. ***Rendement :*** 60 hl/ha. ***Vente :*** sur place et par correspondance; Pierre-Henri Ginglinger, 4 et 33, Grand-Rue, 68420 Eguisheim.

Kuentz-Bas

Commune : 68420 Husseren-les-Châteaux. ***Propriétaires :*** Kuentz-Bas. ***Superficie :*** 59 a 60 ca. ***Age moyen :*** 25 ans. ***Nature du sol :*** argilo-calcaire. ***Orientation :*** sud-est. ***Encépagement :*** 63 % gewurztraminer, 37 % riesling. ***Rendement :*** 60 hl/ha. ***Vente :*** sur place et par correspondance; Kuentz-Bas, 14, Route du Vin, 68420 Husseren-les-Châteaux.

Deux sœurs au patronyme de Kuentz prirent, en convolant en justes noces, l'une le nom de Bas, l'autre le nom de Weber. Il s'agissait des grands-mères de Jacques Weber et de son cousin Christian Bas; aujourd'hui le premier s'occupe du vignoble et de la vinification et le second de la commercialisation, à la tête de cette maison réputée de producteurs-négociants, qui possède 12 ha en vignoble propre. A leurs 59 a 60 ca situés dans l'Eichberg, il convient d'ajouter l'achat des raisins d'un hectare de ce même lieu-dit.

Si l'on vous apprend que Jacques Weber a une petite fille née en 1981 et un fils né en 1983, vous trouverez cela charmant, mais pas vraiment exceptionnel – il faut donc préciser qu'ils se prénomment Caroline et Jérémy, comme la première cuvée de Vendanges tardives et de Sélection de grains nobles, qui coïncidèrent respectivement avec l'année de leur naissance! La cuvée « Caroline », issue du Grand Cru Eichberg, de gewurztraminer vendangés le 2 décembre 1985, fut saluée par le *Guide Hachette* en 1988 comme un vin d'une « harmonie parfaite ».

Les photos, prises par Jacques Weber juste avant la récolte, montrent des grappes intactes sous la neige. Vision presque irréelle, nous remémorant que la nature, quand elle le veut, fait remarquablement bien les choses. Encore faut-il des hommes qui sachent l'attendre et la servir!

Scherer

Commune : 68420 Eguisheim. ***Propriétaire :*** Vignoble André Scherer. ***Superficie :*** 68 a 65 ca. ***Age moyen :*** 25 ans. ***Nature du sol :*** argilo-calcaire. ***Orientation :*** sud. ***Encépagement :*** 100 % gewurztraminer. ***Rendement :*** 62 hl/ha. ***Vente :*** sur place et par correspondance; Vignoble André Scherer, 12, Route du Vin, 68420 Husseren-les-Châteaux.

André Scherer est issu d'une famille de longue tradition vigneronne, puisqu'il en représente la 8e génération. Il épousa Marie-Anne Cadé, fille d'un viticulteur-négociant de Gueberschwihr. La maison de maîtres qui appartient à la famille Scherer date du XVIIIe siècle; elle passa des mains d'un médecin des Hôpitaux régionaux à un colonel des troupes françaises du Rhin et, enfin, à un baron d'Empire, avant d'être acquise par un de leurs ancêtres.

Techniques anciennes et modernes se complètent, dans leur exploitation, où une place de choix est accordée au gewurztraminer; le sol lourd de leurs vignes de l'Eichberg convient particulièrement à ce cépage noble par excellence.

Stintzi, Gérard

Commune : 68420 Eguisheim. ***Propriétaire :*** Gérard Stintzi. ***Superficie :*** 60 a. ***Age moyen :*** 24 ans. ***Nature du sol :*** argilo-calcaire. ***Orientation :*** sud. ***Encépagement :*** gewurztraminer, tokay-pinot gris. ***Rendement :*** 60 à 65 hl/ha. ***Vente :*** sur place et par correspondance; Gérard Stintzi, 29, rue Principale, 68420 Husseren-les-Châteaux.

Gérard Stintzi a choisi de partager sa vie avec la fille d'un viticulteur-gourmet (l'intermédiaire entre vignerons et négociants) de Gueberschwihr, Yvette Marzolf. Mais il est un lien supplémentaire, entre ces pittoresques communes viticoles, toutes deux situées en hauteur : la sœur de ce vigneron d'Husseren-les-Châteaux est l'épouse du maire de Gueberschwihr... Voilà pour la petite histoire, tissée des mille et un fils d'une trame invisible et solide. Une maison à colombage pour cadre; en superficie : 4 ha de vignes et, pour la vinification traditionnelle, des fûts de chêne, voilà qui définit « une petite exploitation uniquement familiale », typique de l'Alsace viticole. Le week-end du 14 Juillet, Husseren organise la Fête des guinguettes d'Europe, où choucroute et pizza voisinent joyeusement avec le vin d'Alsace en guise de trait d'union.

Wolfberger

Voir Cave vinicole d'Eguisheim

Cave vinicole d'Eguisheim

Commune : 68420 Eguisheim. ***Propriétaire :*** Cave vinicole d'Eguisheim. ***Superficie :*** 10 ha 50 a. ***Age moyen :*** 18 ans. ***Nature du sol :*** argilo-calcaire. ***Orientation :*** sud-est. ***Encépagement :*** gewurztraminer, tokay-pinot gris, riesling. ***Rendement :*** 72 hl/ha. ***Vente :*** sur place et par correspondance; Wolfberger – Cave vinicole d'Eguisheim, 6, Grand-Rue, 68420 Eguisheim.

Geisberg et Kirchberg (Ribeauvillé)

Commune : Ribeauvillé. ***Champ de fractures :*** Ribeauvillé. ***Carte :*** page 112.
La Ratbaldovillare, qui fut donnée en 768 par Pépin le Bref à son chancelier, l'abbé Fulrade, était déjà célèbre sous l'Empire romain pour sa source thermale. Après les invasions, un certain Rappoltus s'imposa en maître dans la contrée et bâtit un village qui restera, pour près de sept siècles, le domaine de la famille des Ribeaupierre. Les seigneurs de Ribeaupierre, esprits éclairés, entreprirent d'aider et de protéger baladins et saltimbanques et se déclarèrent « Roi des fifres », organisant leur fête chaque 8 septembre. Hier comme aujourd'hui, au « Pfifferdag », la fontaine centrale dégorge de bons vins, peut-être ceux du Geisberg ou du Kirchberg, coteaux célèbres qui dominent la ville.
Le Geisberg est l'un des plus petits Grands Crus d'Alsace, ne couvrant en effet que 8 ha 32 a. Les sols y sont argileux, très caillouteux, avec débris de dolomies vitrifiées, mais en forte pente et bien exposés au sud. C'est l'un des domaines bien adapté au riesling, qui y gagne puissance et race.
Le Kirchberg étend ses marnes dolomitiques du muschelkalk inférieur et moyen sur 10 ha 32 a. Les sols caillouteux et lourds à travailler, parfois en pente accentuée, conviennent particulièrement au riesling, qui y acquiert des arômes caractéristiques de « fossiles » et réussissent bien au muscat.

C'est là où la vigne souffre qu'elle donne le meilleur d'elle-même.

Baltenweck, Jean-Pierre

◇ *Geisberg*
Commune : 68150 Ribeauvillé. ***Propriétaire :*** Jean-Pierre Baltenweck. ***Superficie :*** 30 a. ***Nature du sol :*** argilo-calcaire. ***Orientation :*** sud. ***Encépagement :*** 100 % riesling. ***Age moyen :*** 10 ans. ***Rendement :*** 65 à 70 hl/ha. ***Vente :*** sur place et par correspondance; Jean-Pierre Baltenweck, 68150 Ribeauvillé.
Si le père de Jean-Pierre Baltenweck fut charpentier, en revanche, du côté maternel, la tradition de la vigne l'emporte. Un de ses fils s'occupe d'un vignoble de 3 ha environ dans le lieu-dit Geisberg, comme maître de culture et de la vinification du couvent de la Divine Providence de Ribeauvillé.

Faller

◇ *Geisberg*
Commune : 68150 Ribeauvillé. ***Propriétaire :*** Robert Faller et Fils. ***Superficie :*** 1 ha 40 a. ***Nature du sol :*** argilo-calcaire. ***Orientation :*** plein sud. ***Encépagement :*** 5 % gewurztraminer, 95 % riesling. ***Rendement :*** 55 hl/ha. ***Vente :*** sur place et par correspondance; Robert Faller et Fils, 36, Grand-Rue, 68150 Ribeauvillé.

Composées de petites parcelles de 5 ou 6 ares, en terrasses, ces vignes appartenant à la famille Faller depuis un siècle, comme le prouvent les menus antérieurs à 1900 conservés avec soin, s'échelonnent entre quelques années et quelques décennies. Un essai d'encépagement d'une parcelle en gewurztraminer fut tenté, qui confirma... l'adéquation du riesling avec ce terroir!

« Vin de garde au corps puissant; leur fin parfum qui se mélange avec le célèbre goût de vieux riesling peut surprendre, mais apporte certainement une grande note d'originalité » : voilà les fruits en bouteille de ce jardin. Il existe un lien de parenté au 5e degré, entre ses propriétaires et la famille Faller de Kientzheim.

Kientzler

◇ *Geisberg*
Commune : 68150 Ribeauvillé. ***Propriétaire :*** André Kientzler. ***Superficie :*** 1 ha 50 a. ***Nature du sol :*** argilo-calcaire. ***Orientation :*** sud. ***Encépagement :*** 100 % riesling. ***Rendement :*** 50 hl/ha. ***Vente :*** sur place et par correspondance; André Kientzler, 50, route de Bergheim, 68150 Ribeauvillé.

La maison est située au milieu des vignes et le paysage, à travers les grandes baies vitrées de l'entrée, s'inscrit comme un poster vivant. Rien à signaler par les propriétaires, sinon que leurs clients apprécient beaucoup le caractère particulier du riesling Geisberg, parmi les vins produits dans cette exploitation de 10 ha. Des connaisseurs en ont relevé « la robe impeccable et la bonne harmonie ». Fraîcheur en bouche et joli nez peuvent y être adjoints, sans hésitation, pour le millésime 1986.

Sipp, Jean

◇ *Kirchberg*
Commune : 68150 Ribeauvillé. ***Propriétaire :*** Jean Sipp. ***Superficie :*** 2 ha. ***Nature du sol :*** argilo-calcaire. ***Orientation :*** sud/sud-ouest. ***Encépagement :*** 20 % muscat, 80 % riesling. ***Age moyen :*** 30 ans. ***Rendement :*** 50 hl/ha. ***Vente :*** sur place et par correspondance; Domaine Jean Sipp, 60, rue de la Fraternité, 68150 Ribeauvillé.

Une branche de la famille Sipp dirige cette exploitation avec beaucoup d'allant et en toute « fraternité », comme semble d'ailleurs l'indiquer le nom de la rue où est sise la maison de Jean Sipp, propriétaire par ailleurs du Clos du Schlossberg. Au cours des manifestations viticoles, en particulier lors de la présentation annuelle des Grands Crus, les dirigeants des deux Maisons Sipp se retrouvent côte à côte. Une nuance toutefois : à vue de nez – ou de chiffres – le domaine Jean Sipp accorde une place importante au muscat, le second cépage de prédilection du Kirchberg. Signalons que ses riesling 85 et 86 sont de beaux vins; l'un se distingue par sa robe remarquable, l'autre par sa souplesse; les deux, par leur élégance.

Sipp, Louis

◇ *Kirchberg*
Commune : 68150 Ribeauvillé. ***Propriétaire :*** GFA Louis Sipp. ***Superficie :*** 1 ha 80 a. ***Nature du sol :*** argilo-calcaire. ***Orientation :*** sud/sud-ouest. ***Encépagement :*** 100 % riesling. ***Age moyen :*** 30 ans. ***Rendement :*** 50 hl/ha. ***Vente :*** sur place et par correspondance; GFA Louis Sipp, 5, Grand-Rue, 68150 Ribeauvillé.

Dans la cave séculaire du château de Kientzheim, avoir entendu Pierre Sipp, en tenue de

Les instruments d'hier sont le décor d'aujourd'hui.

grand maître, entonner de sa voix grave et puissante le refrain qui tient lieu d'applaudissements, au sein de la Confrérie Saint-Etienne *Senget ein's, trenket ein's, tra-la-la-la-la* (Chantez un air, buvez un verre, tra-la...), vaut son pesant de pépins de raisins! Nul doute que ce propriétaire-négociant, à la tête de la Maison Louis Sipp, qui possède un vignoble de 30 ha et vinifie également la récolte de plus de 80 petits vignerons de la cité de Ribeauvillé, mette la même énergie à maintenir le rayonnement de cette entreprise qui remonte à plusieurs générations. L'attention particulière portée à leurs vignes du Kirchberg ne date pas d'aujourd'hui. En effet, en 1928 déjà, les premières bouteilles portant la mention de ce terroir sortaient de leurs chais. Cette antériorité a largement contribué à la reconnaissance de l'appellation Grand Cru Kirchberg.

Trimbach

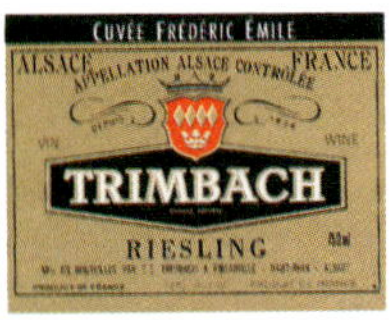

◇ *Geisberg*
Commune : 68150 Ribeauvillé. ***Propriétaire :*** Heydt-Trimbach. ***Superficie :*** 62 a 16 ca. ***Nature du sol :*** argilo-calcaire. ***Orientation :*** sud/sud-est. ***Encépagement :*** 100 % riesling. ***Age moyen :*** 25 ans. ***Rendement :*** 65 hl/ha. ***Vente :*** sur place et par correspondance; Heydt-Trimbach, 68150 Ribeauvillé.

Le produit des vignes du Geisberg contribue pour une grande part à la célèbre Cuvée Frédéric-Emile, en souvenir de F.-E. Trimbach à qui la Foire internationale de Bruxelles décerna un diplôme d'honneur, pour ses vins, en 1898. Le premier de cette lignée à être connu fut Jean Trimbach, reçu bourgeois de Riquewihr en 1626; il eut pour descendants des maîtres tonneliers, des gourmets, établis à Hunawihr en 1840, et, enfin, à Ribeauvillé, après la Première Guerre mondiale, vu l'extension prise par l'affaire. Les petits-fils de Théodore Trimbach, cofondateur du Syndicat des négociants et viticulteurs d'Alsace, Bernard et Hubert, assurent à présent, avec Pierre et Jean (la nouvelle génération), la pérennité de leur image de marque.

Le dossier de presse international de la maison accorde une place privilégiée au riesling et présente le commentaire suivant pour la « Cuvée F.E. » du millésime 1983 : « Bouquet d'une belle typicité où l'amertume retrouve les fameuses odeurs d'hydrocarbure chères aux meilleurs terroirs. Précis, il avoue complexité, équilibre et persistance dans une bouche nerveuse, silhouettée *(sic)* avec élégance et qui se prolonge avec une belle amertume. »

Gloeckelberg (Rodern)

Commune : Rodern. ***Champ de fractures :*** Ribeauvillé. ***Carte :*** page 112.
Rodern, longtemps possession de Bergheim, se taille la part du lion dans ce grand cru qu'il daigne partager chichement avec Saint-Hippolyte. Ce dernier village existait depuis longtemps déjà, sous le nom d'Audoldivillare, lorsque, en 767, saint Fulrade, abbé de Saint-Denis et confesseur de Charlemagne, mais possessionné en Alsace, lui confia les dépouilles de saint Hippolyte, martyr romain. Pour honorer son nouveau protecteur, le village changea de nom.
Sur 22 ha et demi, orientés sud/sud-est, quel que soit le ban d'allégeance, on retrouve un substrat granitique, « granit dit de Thannenkirch, porphyroblastique à cristaux orientés de feldspath potassique », couronné de veines de houille et de grès (d'anciennes mines de houille, épuisées aujourd'hui, existent dans les environs). Le terroir est néanmoins homogène, composé de sols bruns acides, issus de la décomposition des granits, parfois plus argileux à l'approche de la plaine.
Le tokay-pinot gris et le gewurztraminer, en particulier dans les grandes années comme 1983, y réussissent bien; mais n'oublions pas que le Gloeckelberg reste l'un des fiefs des rouges et rosés d'Alsace, comme le pinot noir.

Rodern : un clocher dans les vignes, comme un cep spirituel.

Saint-Hippolyte se réfléchit depuis le Moyen Age dans son bassin villageois.

Koeberlé-Kreyer

Commune : 68590 Rodern. ***Propriétaire :*** Koeberlé-Kreyer. ***Superficie :*** 77 a 47 ca. ***Nature du sol :*** granit de Thannenkirch. ***Orientation :*** sud. ***Encépagement :*** tokay-pinot gris, pinot noir, riesling. ***Age moyen :*** 20 ans. ***Rendement :*** 50 à 70 hl/ha. ***Vente :*** sur place et par correspondance; Koeberlé-Kreyer, 28, rue du Pinot-Noir, 68590 Rodern.

Faut-il voir l'origine du nom Rodern, village un peu à l'écart de la Route du Vin d'Alsace, dans le cépage favori de son ban, le pinot noir, souvent vinifié en rouge (*rot*), ou plutôt dans le verbe défricher (*ausrotten*)? Laissons-lui sa part de mystère, mais constatons néanmoins qu'un nom de rue lui est dévolu, celle précisément de la famille Koeberlé-Kreyer, qui se fait l'écho d'un regret : pourquoi le pinot noir n'a-t-il pas été inclus dans les cépages ayant droit à l'appellation Alsace Grand Cru? Peut-être en raison de la charge très lourde qui incombe déjà aux commissions de dégustation? Quoi qu'il en soit, il en pousse sur la pente du Gloeckelberg! Mais tokay-pinot gris et riesling aussi.

Pour obtenir une nette amélioration qualitative de la vendange, ces propriétaires ont remplacé la taille en guyot double par celle du guyot simple à petite arcure, d'où une végétation plus aérée et mieux étalée, moins sensible aux maladies cryptogamiques. Parallèlement, un apport d'engrais humique sous forme de paille a permis une meilleure aération et une régularisation de l'état hydrique des sols sableux. Ces innovations, comme le contrôle de la température de fermentation, ne soulèvent pas de conflits entre les trois générations de vignerons qui composent cette famille, vu l'expression d'approbation de leur doyen, un verre de jeune vin à la main.

Koehly

Commune : 68590 Rodern. ***Propriétaire :*** Vignobles Charles Koehly et Fils. ***Superficie :*** 2 ha. ***Nature du sol :*** granit de Thannenkirch. ***Orientation :*** sud/sud-est. ***Encépagement :*** tokay-pinot gris, gewurztraminer. ***Age moyen :*** 10 à 25 ans. Rendement : 50 hl/ha. ***Vente :*** sur place et par correspondance; Vignobles Charles Koehly et Fils, 36, rue du Pinot-Noir, 68590 Rodern. *Voir aussi l'Altenberg de Bergheim.*

Metz-Bleger

Commune : 68590 Rodern. ***Propriétaires :*** Laurent et Odile Metz-Bleger. ***Superficie :*** 83 a. ***Nature du sol :*** granit de Thannenkirch. ***Orientation :*** sud-est. ***Encépagement :*** 27 % pinot noir, 31 % riesling, 42 % gewurztraminer. ***Age moyen :*** 10 ans. ***Rendement :*** 65 hl/ha. ***Vente :*** sur place et par correspondance; Maison Metz-Bleger, 41, rue du Pinot-Noir, 68590 Rodern.

La plus ancienne maison de Rodern, ornée d'un oriel rectangulaire, date de 1598 et appartient à la famille Metz-Bleger, aux ancêtres tonneliers et vignerons, tantôt prévôts, tantôt jurés et gourmets, receveurs municipaux, tous identifiés à partir de 1664! Un des inventaires précieusement conservés, daté de mars 1726, après le décès de leur ancêtre direct, indique qu'ils possédaient alors un vignoble de 3 ha, répartis en 19 parcelles près de Rodern et d'Orschwihr, illustration de la prudence vigneronne qui conseillait de ne pas avoir toutes ses vignes dans la même partie du ban, en cas de gelées ou de grêle. L'héritage prévoyait le partage de 200 litres de vin et de 20 litres d'eau-de-vie entre les quatre enfants du défunt : preuve, s'il en fallait, du prix accordé à ces produits! C'est avec sérieux et ténacité que les descendants poursuivent l'exercice de cette profession.

Goldert (Gueberschwihr)

Commune : Gueberschwihr. ***Champ de fractures :*** Rouffach-Guebwiller. ***Carte :*** page 113. Gueberschwihr. S'agit-il de la *Waranangus* des Celtes, dont personne ne connaît aujourd'hui l'emplacement exact, ou plus vraisemblablement de la gallo-romaine *Gebhardi Villaris*, bâtie autour d'une source sacrée? Celle-ci coule toujours sous le clocher du XIIe siècle, l'un des plus beaux d'Alsace, dit-on, et qui résume à lui seul la richesse de ce terroir, où paroisse, abbayes, évêques et seigneurs possédèrent moults arpents, comme l'a maintes fois montré l'abbé Laurent Zind. Un quart de siècle durant, Laurent Zind fut non seulement le gardien des âmes, mais encore de la mémoire de Gueberschwihr, en déchiffrant des tonnes d'archives, avec la bénédiction du chanoine Barth.

Gueberschwihr est considérée comme l'aristocrate du vignoble.

Ce village, aussi ancien que les légendes de saint et de griffon, que l'on a dénommé « l'aristocrate du vignoble » en raison de ses fières demeures Renaissance (les vignerons aisés n'y suivaient-ils pas les processions des Rogations à cheval?), se devait de posséder un grand cru à sa mesure. « En sa séance du 20 janvier 1932, le conseil municipal, vu le plan dressé par le Comité de la société viticole de Gueberschwihr concernant classification de la banlieue viticole pour l'appellation d'origine en dénommant ledit enclos du nom de Côte d'Or (Goldert), décide de l'approuver. »
Alors qu'il était président du Syndicat viticole, Aimé Weck avait été, par ses cours de greffage à l'Ecole agricole et viticole de Rouffach et à Gueberschwihr après l'attaque du phylloxéra, l'artisan de la replantation du ban.
Le lieu-dit Goldert, présent dans les archives et sur les étiquettes anciennes, est à l'abri d'une crête qui va de Hattstatt à Voegtlinshoffen; il couvre 45 ha 35 a orientés de façon homogène est/sud-est. Son altitude varie de 250 à 350 m, avec une forte pente sur la partie haute (50 à 60 %) qui s'atténue sensiblement vers la plaine. Le substrat géologique du haut du versant est constitué de calcaires oolithiques altérés avec quelques strates marneuses. Ces formations sont recouvertes à l'aval par des dépôts quaternaires où roches et galets sont mélangés à une matrice argileuse. Bien drainés, en particulier sur les calcaires, bénéficiant d'un ensoleillement appréciable et d'une pluviométrie réduite, le Goldert est particulièrement adapté au gewurztraminer et au muscat.

Fût de pierre et foudres de bois, pour une tradition séculaire.

Burn, Ernest (Maison)

Commune : 68420 Gueberschwihr. ***Propriétaire :*** GAEC J. & F. Burn. ***Superficie :*** 6 ha (dont les 5 ha du Clos Saint-Imer). ***Age moyen :*** 20 ans. ***Nature du sol :*** calcaire oolithique. ***Orientation :*** est/sud-est. ***Encépagement :*** 41 % gewurztraminer, 20 % muscat, 26 % riesling, tokay-pinot gris, pinot noir et blanc. ***Rendement :*** 53 hl/ha. ***Vente :*** sur place et par correspondance; Maison Ernest Burn, 14, rue Basse, 68420 Gueberschwihr.

Dans la *Revue du Vin de France* de septembre 1987, Michel Bettane notait qu'une des seules cuvées réussies de muscat 1983, en Alsace, provenait de cette exploitation viticole. Le *Guide Hachette des Vins de France*, en 1987 également, qualifiait le riesling 1984 de « merveille ». Fin 1988, à l'Académie du Vin, les dégustateurs définirent le muscat 1985 comme « l'essence même du muscat d'Alsace » et les gewurztraminer et tokay-pinot gris de Vendanges tardives comme... « le paradis »! Si la mention « Goldert » apparaissait déjà sur les étiquettes de cette maison dans les années 1950, aujourd'hui, devenue « Grand Cru Goldert », elle ne s'ajoute qu'en surimpression à la dénomination « Clos Saint-Imer », pour un nombre volontairement limité de bouteilles. Contrairement à l'adage « Nul n'est prophète en son pays », le quotidien *L'Alsace* a salué en Ernest Burn « le pionnier de ce lieu-dit Grand Cru Goldert ». *Voir aussi le Clos Saint-Imer.*

Gantzer, Lucien

Commune : 68420 Gueberschwihr. ***Propriétaire :*** Lucien Gantzer. ***Superficie :*** 96 a. ***Age moyen :*** 18 ans. ***Nature du sol :*** argilo-calcaire. ***Orientation :*** est/sud-est. ***Encépagement :*** 55 % gewurztraminer, 25 % riesling, 17 % muscat. ***Rendement :*** 65 hl/ha. ***Vente :*** sur place et par correspondance; Lucien Gantzer, 4, rue du Nord, 68420 Gueberschwihr.

« Cave moderne dans une maison ancienne », annonce le propriétaire, non sans un clin d'œil, sans doute. La maison, de 1605, présente de remarquables meneaux de grès, en façade; quant à la cuverie, en inox, elle évoque incontestablement la seconde moitié du XXe siècle. Les murs du caveau de dégustation sont tapissés de médailles.

Ernest Burn.

Actuel président du syndicat viticole de la commune, Lucien Gantzer cultive ses vignes avec son épouse, elle-même fille de viticulteurs d'Eguisheim – qui s'occupe aussi avec soin de leur gîte rural –, et leur cadette, récemment « dauphine » de la reine des vins d'Alsace (choisie chaque année par le CIVA, à l'occasion de la grande foire aux vins qui se déroule à Colmar, la première quinzaine du mois d'août).

Hertzog, Gérard

Commune : 68420 Gueberschwihr. ***Propriétaire :*** Gérard Hertzog. ***Superficie :*** 60 a. ***Age moyen :*** 25 ans. ***Nature du sol :*** argilo-calcaire. ***Orientation :*** est/sud-est. ***Encépagement :*** 100 % gewurztraminer. ***Rendement :*** 45 hl/ha. ***Vente :*** sur place et par correspondance; Gérard Hertzog, 30, rue des Forgerons, 68420 Gueberschwihr.

Parmi les hommes célèbres d'Alsace, figure Auguste Hertzog, agronome, archiviste et historien, né à Gueberschwihr en 1857; sa thèse de doctorat portait sur le monde rural, son village natal lui servant en partie d'illustration. L'un de ses descendants, Gérard Hertzog, dont la maison datée de 1612, avec son bel escalier en colimaçon, illustre le passé viticole prestigieux du village, contribue en tant que maire à conjuguer au présent cette renommée, en particulier à travers la fête des « Portes et Caves ouvertes », dont il a été l'un des initiateurs. L'avant-dernier week-end d'août, folklore, gastronomie, art et artisanat se mettent au service des crus de l'un des meilleurs terroirs d'Alsace. Dans la nuit, les éclairages confèrent un aspect magique et mystérieux au village, qui semble sortir du fond des âges.

Hertzog, Marcel

Commune : 68420 Gueberschwihr. ***Propriétaire :*** Marcel Hertzog. ***Superficie :*** 2 ha 10 a. ***Age moyen :*** 20 ans. ***Nature du sol :*** argilo-calcaire. ***Orientation :*** est/sud-est. ***Encépagement :*** 75 % gewurztraminer, 15 % riesling, 5 % muscat. ***Rendement :*** 50 hl/ha. ***Vente :*** sur place et par correspondance; Marcel Hertzog, 6, place de la Mairie, 68420 Gueberschwihr.
Les constructeurs des siècles passés avaient l'art du trompe-l'œil. Ici, une façade étroite et une simple porte cochère donnant sur la grand'place ne laissent en rien soupçonner l'importance des bâtiments sur cour et leur caractère. Si d'aucuns comparent la vinification à un jeu d'orgue à plusieurs registres, le fait que Marcel Hertzog soit, depuis des décennies, l'organiste fidèle de l'église de Gueberschwihr, ne pourra que parler en faveur de ses vins du Goldert!

Humbrecht, Bernard

Commune : 68420 Gueberschwihr. ***Propriétaire :*** Bernard Humbrecht et Fils. ***Superficie :*** 2 ha. ***Age moyen :*** 30 ans. ***Nature du sol :*** argilo-calcaire. ***Orientation :*** est/sud-est. ***Encépagement :*** 70 % gewurztraminer, 20 % riesling, 10 % muscat. ***Rendement :*** 60 hl/ha. ***Vente :*** sur place et par correspondance; Bernard Humbrecht et Fils, 9, place de la Mairie, 68420 Gueberschwihr.
1612, nous apprend la date portée sur la clé de voûte du porche, au haut de la place, près de l'église – endroit prédestiné s'il en fut pour la maison natale d'un futur évêque de Besançon, Mgr Humbrecht! Tour, cave, vins typés de Gueberschwihr l'opulente. Qu'ajouter? Sinon que le père se prénomme Jean, le fils Jean-Bernard – image de la continuité dans un métier où vocation se superpose à tradition.

Humbrecht, Marcel

Commune : 68420 Gueberschwihr. ***Propriétaires :*** Mme Marcel Humbrecht et ses enfants. ***Superficie :*** 70 a. ***Age moyen :*** 20 ans. ***Nature du sol :*** argilo-calcaire. ***Orientation :*** est/sud-est. ***Encépagement :*** 60 % gewurztraminer, 25 % muscat, 15 % riesling. ***Rendement :*** 60 hl/ha. ***Vente :*** sur place et par correspondance; Marcel Humbrecht SCEA, 18, rue Basse, 68420 Gueberschwihr.
Si Victor Hugo, comme le rappelle André Breton dans *Nadja*, avait coutume de dire à Juliette Drouet, en passant devant une demeure à laquelle deux portes donnaient accès : « Porte cavalière, madame » et qu'elle lui répondait : « Porte piétonne, monsieur », le numéro 18 de la rue Basse l'eût ravi, avec son motif harmonieux de losanges, sur le chambranle de grès rose de la plus petite! Depuis le décès prématuré de Marcel Humbrecht, viticulteur connu parmi les instances régionales, son fils, ingénieur agricole, seconde autant que possible Mme Humbrecht, descendante de Hans Jacob Lichtlé, vigneron né en 1715 et qui tint une chronique familiale truffée d'observations et de renseignements, aussi bien sur guerre et paix dans le royaume que rythme des saisons et événements ténus ou graves qui tissent une existence dont la vigne est le point d'ancrage.

Lichtlé

Commune : 68420 Gueberschwihr. ***Propriétaire :*** Fernand Lichtlé. ***Superficie :*** 1 ha. ***Age moyen :*** 30 ans. ***Nature du sol :*** argilo-calcaire. ***Orientation :*** est/sud-est. ***Encépagement :*** 70 % gewurztraminer, 20 % muscat, 10 % riesling. ***Rendement :*** 60 hl/ha. ***Vente :*** sur place et par

Il était une fois, dans un petit village d'Alsace, appelé Gueberschwihr...

correspondance; Fernand Lichtlé, 28, rue des Forgerons, 68420 Gueberschwihr.
Des instruments de musique anciens, un cheval, une grande maison, des vignes et un groupe de danse folklorique *d'Kungelstub*, du nom des veillées conviviales d'autrefois, voilà les éléments qui composent la vie de Fernand Lichtlé, partagée avec Else, blonde Badoise, et leurs enfants. Le XXe siècle peut garder une note bucolique et le vin refléter un tantinet cette harmonie.

Scherb

Commune : 68420 Gueberschwihr. ***Propriétaire :*** Georges Scherb et Fils. ***Superficie :*** 45 a 31 ca. ***Age moyen :*** 28 ans. ***Nature du sol :*** argilo-calcaire. ***Orientation :*** est/sud-est. ***Encépagement :*** gewurztraminer. ***Rendement :*** 50 hl/ha. ***Vente :*** sur place et par correspondance; Georges Scherb et Fils, 1, rue Haute, 68420 Gueberschwihr.
Le village est classé, mais avant que cette décision n'intervînt, la porte à double cintre avait été mise à l'inventaire des monuments historiques. Un balcon ancien part de la tour à viorbe et surplombe la cour pavée spacieuse et fleurie. Chez les Scherb, vin et gastronomie sont à l'honneur. Georges Scherb, son épouse Eugénie et leur fils Michel se consacrent à leurs vignes; leur fille Monique et leur gendre, traiteur (il s'agit de Marcel Metzler, l'inventeur du « Canoie »), promeuvent les mets régionaux dans leur pimpant magasin, au début de la rue Haute. Quant à son frère Bernard, viticulteur également, il dirige l'hôtel *Le Relais du Vignoble*, en prolongement du restaurant *Belle Vue*, où paysage, cordialité et cuisine généreuse occupent une place de choix.

Scherb et Fils, Louis

Commune : 68420 Gueberschwihr. ***Propriétaire :*** Louis Scherb et Fils. ***Superficie :*** 2 ha 30 a. ***Age moyen :*** 20 ans. ***Nature du sol :*** argilo-calcaire. ***Orientation :*** est/sud-est. ***Encépagement :*** 45 % gewurztraminer, 25 % riesling, 25 % muscat. ***Rendement :*** 65 hl/ha. ***Vente :*** sur place et par correspondance; Louis Scherb et Fils, 68420 Gueberschwihr.

La rue du Nord : une palette de couleurs.

Joseph et André, le premier dans sa nouvelle propriété, le cadet dans les bâtiments séculaires de la maison paternelle, sis rue du Nord (qui ne désigne pas le point cardinal, mais perpétue le souvenir des chevaliers de Norgassen), sont fidèles à leur lignée; leur savoir-faire est à l'image de l'importance de cette exploitation, appréciée outre-Rhin depuis des lustres. Point de doute que les hôtes de leurs gîtes ruraux, également, estiment à leur juste valeur leurs vins du Goldert, en particulier.

Schueller, Maurice

Commune : 68420 Gueberschwihr. ***Propriétaire :*** Maurice Schueller. ***Superficie :*** 70 a. ***Age moyen :*** 20 ans. ***Nature du sol :*** argilo-calcaire. ***Orientation :*** est/sud-est. ***Encépagement :*** 50 % gewurztraminer, 50 % muscat. ***Rendement :*** 60 hl/ha. ***Vente :*** sur place et par correspondance; Maurice Schueller, 15, rue Basse, 68420 Gueberschwihr.

La façade sans fioriture et une enseigne moderne ne laissent pas deviner la tour avec son escalier en colimaçon et la belle cave voûtée avec sa porte en chêne que l'on découvre, une fois franchie l'entrée. Exploitation familiale, là encore, où parents et enfants – deux fils, Marc et Christophe – continuent avec ardeur la tradition viticole léguée par leurs ancêtres.

Weck, Clément

Commune : 68420 Gueberschwihr. ***Propriétaire :*** Clément Weck. ***Superficie :*** 1 ha 20 a. ***Age moyen :*** 30 ans. ***Nature du sol :*** argilo-calcaire. ***Orientation :*** est/sud-est. ***Encépagement :*** 80 % gewurztraminer, 20 % muscat. ***Rendement :*** 60 hl/ha. ***Vente :*** sur place et par correspondance; Clément Weck, 2, place de la Mairie, 68420 Gueberschwihr.

L'emblème du village – le pignon à redents – est sculpté sur une pierre de grès rose, en façade, au-dessus du joli caveau de dégustation d'une des plus anciennes familles de vignerons de Gueberschwihr, sise à l'angle de la grand'place et de la rue basse. Nous pouvons donc affirmer, au sens propre et figuré, que cette maison « a pignon sur rue » !

Zind-Humbrecht (Domaine)

Commune : 68420 Gueberschwihr. ***Propriétaire :*** Léonard Zind-Humbrecht. ***Superficie :*** 57 a. ***Age moyen :*** 6 à 30 ans. ***Nature du sol :*** argilo-calcaire. ***Orientation :*** est/sud-est. ***Encépagement :*** 63 % gewurztraminer, 37 % muscat. ***Rendement :*** de 45 à 60 hl/ha. ***Vente :*** sur place et par correspondance; Domaine Zind-Humbrecht, 34, rue du Maréchal-Joffre, 68000 Wintzenheim. *Voir aussi le Clos Saint-Urbain.*

Cave vinicole de Pfaffenheim-Gueberschwihr

Commune : 68420 Gueberschwihr. ***Propriétaires :*** Les Producteurs réunis de Pfaffenheim-

Gueberschwihr. ***Superficie :*** 4 ha 11 a 95 ca. ***Age moyen :*** 25 à 30 ans. ***Nature du sol :*** argilo-calcaire. ***Orientation :*** est/sud-est. ***Encépagement :*** 100 % gewurztraminer. ***Rendement :*** 60 hl/ha. ***Vente :*** sur place et par correspondance; Cave vinicole de Pfaffenheim-Gueberschwihr, 5, rue du Chai, 68250 Pfaffenheim. 4 ha, 11 a et 95 ca, ni plus ni moins, voilà la superficie des vignes possédées par « Les Producteurs réunis d'Alsace » regroupant une dizaine de coopérateurs en une SICA (Société d'intérêts collectifs agricole, forme juridique qui autorise aussi la distillation), sous la houlette de la Cave coopérative de Pfaffenheim-Gueberschwihr qui réunit 200 coopérateurs en la « cave la plus médaillée d'Alsace », tout simplement! Deux décennies après leur fusion, motivée par leur trop faible volume en regard des investissements nécessaires, un aperçu de leur cuverie en inox de 16 000 hectolitres à thermorégulation, des pressoirs pneumatiques, du nouveau bâtiment de stockage, etc., rend compte de l'essor pris qui leur valut, en 1988, le titre de « Meilleur Vigneron de l'année », dans la revue *Gault-Millau*. Un triumvirat convaincu et compétent en assure la destinée : le directeur Alex Heinrich, le président René Burn et l'œnologue Michel Kueny, maître de chai.

Hatschbourg (Voegtlinshoffen)

Commune : Voegtlinshoffen. ***Champ de fractures :*** Rouffach-Guebwiller. ***Carte :*** page 113. Le nom de ce lieu-dit se réfère peut-être à un ancien château des seigneurs de Hattstatt. A cheval sur le finage de cette commune, très ancien bourg dont l'église possède une nef romane de la première moitié du XIe siècle, et sur celui de sa voisine Voegtlinshoffen, nom à terminaison franque, qui signifie « cour », il s'étend sur 47 ha 36 a précisément (le premier projet déposé en juin 1981 ne portait que sur 28 ha 16 a). Bien orienté sud/sud-est, avec une pente moyenne et régulière entre 220 et 330 m, il apparaît comme un vignoble de qualité dès le XVIe siècle, comme l'attestent nombre de titres de rente datant de cette époque. Il fut surtout cité en 1906, après l'épidémie

Et le froid a roussi le vignoble hivernal.

de phylloxéra, comme un modèle de reconstitution du vignoble alsacien. Le terroir repose sur un substrat marno-calcaire, formé au tertiaire, avec çà et là quelques percées de la grande oolithe du jurassique. Les sols y sont donc assez lourds et profonds, mais néanmoins bien drainants. Le gewurztraminer et le muscat y trouvent un terrain à leur goût.

Cattin, Joseph (Domaine)

Commune : 68420 Voegtlinshoffen. ***Propriétaires :*** Joseph Cattin et ses fils. ***Superficie :*** 8 ha. ***Age moyen :*** 20 ans. ***Nature du sol :*** argilo-calcaire. ***Orientation :*** sud/sud-est. ***Encépagement :*** 40 % gewurztraminer, 20 % muscat, 10 % riesling, 30 % tokay-pinot gris. ***Rendement :*** 50 à 60 hl/ha. ***Vente :*** sur place et par correspondance; Joseph Cattin et ses fils, 18, rue Roger-Frémeaux, 68420 Voegtlinshoffen.
« Très corsés, fruités, amples », nous disent de façon laconique et lapidaire leurs producteurs. Mais le hasard fait bien les choses, car il est un autre viticulteur de ce village juché sur un promontoire, à 340 m d'altitude, pour nous signaler que « Joseph Cattin, personnalité marquante et bien connue (décédé en 1963), fut le pionnier en viticulture de Voegtlinshoffen ». Un diplôme de « vignoble modèle » n'a-t-il pas été décerné à cette commune, dès 1929, par l'Association des viticulteurs d'Alsace?

Cattin et Fils, Théo

35, rue Roger-Frémeaux, Voegtlinshoffen, 68420 Herlisheim.

Ginglinger-Fix

Commune : 68420 Voegtlinshoffen. ***Propriétaire :*** Ginglinger-Fix. ***Superficie :*** 1 ha 50 a. ***Nature du sol :*** argilo-calcaire. ***Orientation :*** sud/sud-est. ***Encépagement :*** gewurztraminer. ***Vente :*** sur place et par correspondance; Ginglinger-Fix, 38, rue Roger-Frémeaux, 68420 Voegtlinshoffen.
Léon Ginglinger, président du Crédit mutuel local pendant trente ans, de l'UNC depuis 1948, est un homme actif dans sa commune; aussi, son hommage à Joseph Cattin n'en prend-il que plus de poids. Ce geste élégant est à son honneur et illustre le fait que la mise en valeur d'un vignoble est le fruit du travail ininterrompu de plusieurs générations.
Si l'église de Voegtlinshoffen, du XVIIIe siècle, avec son ensemble mobilier baroque, témoigne du passé cossu de ses fidèles, les vignerons d'aujourd'hui sont conscients du patrimoine à préserver. Les Ginglinger-Fix y contribuent en faisant prospérer leur exploitation.

Hartmann, André

Commune : 68420 Voegtlinshoffen. ***Propriétaire :*** André Hartmann. ***Superficie :*** 1 ha 50 a. ***Age moyen :*** 20 ans. ***Nature du sol :*** marno-calcaire. ***Orientation :*** sud/sud-est. ***Encépagement :*** 61 % gewurztraminer, 19 % muscat, 20 % tokay-pinot gris. ***Rendement :*** 55 hl/ha. ***Vente :*** sur place et par correspondance; André Hartmann, 11, rue Roger-Frémeaux, 68420 Voegtlinshoffen.
Deux petits Bacchus enfants, couronnés et ceints de pampres, sont assis sur leurs tonnelets, levant bien haut un verre au contenu jaune d'or, symbole, sans doute, du gewurztraminer Grand Cru Hatschbourg qui représente la part du lion parmi les trois cépages cultivés par André Hartmann et définis par leur fruité, leur élégance, leur grande harmonie. Nul doute qu'à la fin du mois de juin, lors de la fête des vins locale, dont la fontaine octogonale du Rabseppala (allégorie du vigneron alsacien) est le centre, les crus du Hatschbourg occupent une place de choix!

Hartmann et Fils, Gérard

Commune : 68420 Voegtlingshoffen. ***Propriétaire :*** GAEC Gérard et Serge Hartmann. ***Superficie :*** 2 ha 12 a. ***Nature du sol :*** marno-calcaire. ***Orientation :*** sud/sud-est. ***Encépagement :*** gewurztraminer, muscat, tokay-pinot gris. ***Rendement :*** 60 à 70 hl/ha. ***Vente :*** sur place et par correspondance; Gérard et Serge Hartmann, 13, rue Roger-Frémeaux, 68420 Voegtlinshoffen.
Gérard, Lucienne et leur fils Serge, qui son verre, qui une bouteille à la main, devant une tablée de « flûtes » de vin d'Alsace et un superbe kougelhopf, présentent à leur clientèle les millésimes récents, « choyés du pied de vigne jusqu'à votre table », précisent-ils. Ils conseillent leur tokay-pinot gris Grand Cru Hatschbourg, « velouté », avec une poularde aux morilles; leur gewurztraminer, pour lui-même, dans les grandes années 1959, 1971, 1976, 1983, 1985, « à ne boire qu'à côté d'une bougie en cire d'abeille vierge ». Leur formule finale étant : « Viniquement vôtres », bien entendu !

Meyer et Fils, Lucien

Commune : 68420 Hattstatt. ***Propriétaire :*** Lucien Meyer et Fils. ***Superficie :*** 1 ha 70 a. ***Age moyen :*** 20 ans. ***Nature du sol :*** marno-calcaire. ***Orientation :*** sud/sud-est ***Encépagement :*** 80 % gewurztraminer, 20 % riesling. ***Rendement :*** 60 hl/ha. ***Vente :*** sur place et par correspondance; GAEC Lucien Meyer et Fils, 57, rue du Maréchal-Leclerc, 68420 Hattstatt.
Le caveau de dégustation de cette exploitation familiale, qui compte 8 ha, donne en vue directe sur le bel escalier Renaissance de la mairie de Hattstatt.

Cave vinicole d'Eguisheim

Commune : 68420 Voegtlinshoffen. ***Propriétaire :*** Cave vinicole d'Eguisheim. ***Superficie :*** 4 ha. ***Age moyen :*** 20 ans. ***Nature du sol :*** marno-calcaire. ***Orientation :*** sud/sud-est. ***Encépagement :*** gewurztraminer, riesling, muscat, tokay-pinot gris. ***Rendement :*** 75 hl/ha. ***Vente :*** sur place et par correspondance; Wolfberger, Cave vinicole d'Eguisheim, 6, Grand-Rue, 68420 Eguisheim.

Hengst (Wintzenheim)

Commune : Wintzenheim. ***Champ de fractures :*** Rouffach-Guebwiller. ***Carte :*** page 113.
Le soir, après la pluie, de la terre s'élève une odeur de sueur de cheval. Le Hengst (l'étalon) vit... depuis deux millénaires, Wintzenheim et sa voisine Wettolsheim passant pour être parmi les plus anciennes localités viticoles d'Alsace. Le Hengst fut cité pour la première fois au IXe siècle dans une dotation de l'abbaye de Murbach. Jusqu'à la Révolution, le seigneur du Hohlandsbourg et le bailli de Kaysersberg s'en partagèrent les importants droits féodaux acquittés par les nobles et les bourgeois de Colmar qui y cultivaient des vignes réputées.

Ce Grand Cru de 75 ha 74 a bénéficie encore du fameux microclimat sec et chaud de Colmar (qui reste la ville la moins arrosée de France). Il repose sur un coteau assez pentu (de 270 à 360 m) d'exposition homogène est/sud-est. Son terroir est essentiellement constitué par des conglomérats oligocènes et marnes interstratifiées du lattorfien. Les galets incorporés sont de nature granitique, gréseuse et siliceuse. Ce substrat a permis la formation de sols argileux, très caillouteux, parfois épais. Complanté essentiellement de gewurztraminer et de tokay-pinot gris, il prédispose incontestablement ses crus à une belle longévité.

Champ de maïs et vignoble du Hengst, au sortir d'une pluie d'été.

Barmès-Buecher (Domaine)

Commune : 68000 Wettolsheim. ***Propriétaire :*** GAEC Barmès-Buecher. ***Superficie :*** 1 ha 19 a. ***Nature du sol :*** argilo-calcaire. ***Orientation :*** sud. ***Encépagement :*** riesling, gewurztraminer, pinot noir. ***Vente :*** sur place et par correspondance; Domaine Barmès-Buecher, 30-23, rue Sainte-Gertrude, 68000 Wettolsheim.
Exploitation familiale de 13 ha de vignes, à dominante de coteaux. Le gewurztraminer occupe 21 % de l'encépagement total et le riesling 18 %. Ceux issus du Hengst ont la préférence des Barmès-Buecher, aussi en parlent-ils avec précision et conviction, au fil des millésimes, par exemple : « Riesling Grand Cru Hengst 1986 : acidité : 7,34 g/l; sucre : 180 g/l; alcool : 12° 50; couleur : vert-jaune clair brillant; nez : fin, net, puissant, musqué, citronné; bouche : plein, très riche, racé, très long, une grande charpente; critique : un grand riesling, avec des arômes de fruits exotiques; l'ananas lui procure une belle jeunesse, il se concentrera de plus en plus; durée : très longtemps, de 15 à 26 ans. »

Brauneisen-Finck, Monique et Gérard

49, rue Clemenceau, Wintzenheim, 68000 Colmar. (Gewurztraminer)

Buecher, Paul

Commune : 68000 Wintzenheim. ***Propriétaire :*** Paul Buecher et Fils. ***Superficie :*** 1 ha 40 a. ***Age moyen :*** 15 ans. ***Nature du sol :*** argilo-calcaire. ***Orientation :*** est/sud-est. ***Encépagement :*** gewurztraminer, muscat, pinot noir. ***Rendement :*** 60 hl/ha. ***Vente :*** sur place et par correspondance; Paul Buecher et Fils, 15, rue Sainte-Gertrude, 68000 Wettolsheim.
En 1900, lors du Congrès national de viticulture, un diplôme d'honneur a été attribué à la maison Buecher, dont les dirigeants actuels, Paul Buecher et ses fils Henri et Jean-Marc, se prévalent de 54 médailles d'or décrochées en l'espace de huit années. Si leur domaine est placé sous la protection de sainte Gertrude,

comme une rue de Wettolsheim, sur les étiquettes de leurs Grands Crus la sainte cède la place à un fougueux étalon, qui correspond à la traduction du nom du lieu-dit « Hengst ». De là à conclure que les us des viticulteurs alsaciens se désacralisent, il n'y a qu'un pas, que nous ne franchirons pas. En effet, Paul Buecher, pas plus tard qu'en l'été de la Saint-Martin 1986, a reconstitué, avec une aide limitée de la commune, un mur en pierre de taille de 90 m de long, surmonté d'une petite chapelle dont le socle est une pierre portant la date de 1786. Une inscription y a été portée : c'est une prière pour la protection des Grands Crus du Hengst.

Josmeyer

Commune : 68000 Wintzenheim. ***Propriétaire :*** Jos Meyer et Fils. ***Superficie :*** 4 ha 25 a (dont 2 ha 75 a en cépages nobles). ***Age moyen :*** 26 ans. ***Nature du sol :*** argilo-calcaire. ***Orientation :*** sud-est. ***Encépagement :*** 69 % riesling, 25 % gewurztraminer, 6 % muscat. ***Rendement :*** 60 hl/ha. ***Vente :*** sur place et par correspondance; Jos Meyer et Fils, 76, rue Clemenceau, 68000 Wintzenheim.

Aloïse Meyer, maire, conseiller général, viticulteur, restaurateur et courtier, fonda en 1854, à Wintzenheim, une maison de courtage et de négoce à laquelle son fils Joseph Meyer donna son nom. A présent, le vignoble regroupe 12 ha en production. Une part importante des vins Josmeyer va à l'exportation. Comme le note Jean Meyer qui, après la faculté des sciences de Dijon, a pris les rennes de l'affaire, gastronomie y rime avec lieu-dit de longue date. N'est-ce pas un Hengst 1878 qui accompagna une galantine de volaille truffée (ne vous déplaise!) lors de l'inauguration de la ligne de tramways Colmar-Wintzenheim, en 1885? (Comme il s'agissait alors d'un vin issu de plusieurs cépages, seul était mentionné le nom du lieu-dit.) Aux événements régionaux répondaient les grands moments familiaux : c'est ainsi qu'un Hengst 1895 accompagna un turbot, lors du mariage d'une grand'tante. A la même époque, les crus du Hengst comptaient déjà des amateurs aux Etats-Unis d'Amérique.

Jean Meyer, qui ne cache pas sa faiblesse pour le pinot blanc ou l'auxerrois, se demande s'il faut suivre à la lettre le conseil des géologues qui recommandent surtout le gewurztraminer pour le terrain du Hengst – ou tenir compte de ses expérience, préférence et goût. Laissons-lui le mot de la fin : « A partir du moment où un homme se donne entièrement à ce qu'il aime, le résultat a toutes les chances d'être de qualité. »

Cent fois la même, et toujours renouvelée, l'Alsace viticole.

Krick, Hubert

Commune : 68000 Wintzenheim. ***Propriétaire :*** Hubert Krick. ***Superficie :*** 1 ha 5 a. ***Age moyen :*** 15 ans. ***Nature du sol :*** argilo-calcaire. ***Orientation :*** sud. ***Encépagement :*** 70 % gewurztraminer, 30 % riesling. ***Rendement :*** 60 hl/ha. ***Vente :*** sur place et par correspondance; Hubert Krick, 93-95, rue Clemenceau, 68000 Wintzenheim.

Mann, Albert

Commune : 68000 Wettolsheim. ***Propriétaire :*** Albert Mann. ***Superficie :*** 70 a. ***Nature du sol :*** marno-calcaire. ***Orientation :*** est/sud-est. ***Encépagement :*** gewurztraminer, tokay-pinot gris. ***Rendement :*** 60 hl/ha. ***Vente :*** sur place et par correspondance; Albert Mann, 13, rue du Château, 68000 Wettolsheim.

Meyer, Jos

Voir Josmeyer

Meyer-Brauneiser, René

83, rue Clemenceau, Wintzenheim, 68000 Colmar (gewurztraminer, riesling, tokay-pinot gris).

Stentz, Aimé (et Fils)

37, rue Herzog, Wettolsheim, 68000 Colmar (muscat, tokay-pinot gris).

Wolfberger

Voir Cave vinicole d'Eguisheim

Zind Humbrecht (Domaine)

Commune : 68000 Wintzenheim. ***Propriétaire :*** Léonard Zind-Humbrecht. ***Superficie :*** 1 ha 42 a. ***Age moyen :*** 40 ans. ***Nature du sol :*** marno-calcaire. ***Orientation :*** sud-est. ***Encépagement :*** 100 % gewurztraminer. ***Rendement :*** 40 hl/ha. ***Vente :*** sur place et par correspondance; Domaine Zind-Humbrecht, 34, rue du Maréchal-Joffre, 68000 Wintzenheim.
Ce terroir produit parfois des Vendanges tardives extraordinaires, et, en tout cas, de grands vins dans les bonnes années, mais très moyens dans les années trop pluvieuses ou froides, constate Léonard Humbrecht. A l'impossible nul (terroir) n'est tenu!

Cave vinicole d'Eguisheim

Commune : 68000 Wintzenheim. ***Propriétaire :*** Cave vinicole d'Eguisheim. ***Superficie :*** 4 ha 50 a. ***Age moyen :*** 15 ans. ***Nature du sol :*** argilo-calcaire. ***Orientation :*** sud/sud-est. ***Encépagement :*** gewurztraminer, riesling, tokay-pinot gris. ***Rendement :*** 75 hl/ha. ***Vente :*** sur place et par correspondance; Wolfberger – Cave vinicole d'Eguisheim, 6, Grand-Rue, 68000 Eguisheim.
Voici un échantillon des commentaires de dégustation du millésime 1985, proposés par cette cave vinicole, dont l'étiquette d'un format particulier porte, en lettres dorées, sa date de fondation : 1902 et, en relief, la tiare pontificale, en l'honneur de Léon IX, pape du XIe siècle, originaire d'Eguisheim : « Tokay 1985, Grand Cru Hengst. Vin jaune bronze. Nez très épicé, fin, avec de subtils arômes d'encens. Ce vin au palais rond et frais à la fois nous amène des odeurs de miel et de pain grillé. »

Cave vinicole de Turckheim

Superficie : 1 ha 46 a. *Voir aussi le Brand.*

Kanzlerberg (Bergheim) → Altenberg

Kastelberg et Wiebelsberg (Andlau)

Commune : Andlau. ***Champ de fractures :*** Saverne. ***Carte :*** page 111.
Est-ce par hasard si le signe envoyé à sainte Richarde, à la recherche d'un lieu pour fonder son abbaye en 887, fut la rencontre avec une ourse, plantigrade particulièrement gourmande de bons et beaux raisins sucrés? On pense que la vigne poussait déjà à Andlau, l'antique Eléon, à l'époque romaine et, dès 1064, la saveur de ses vins était célébrée par maints écrits. Le terroir, il est vrai, s'y prête particulièrement : un mont dominant la ville, entre 250 et 300 m d'altitude, avec une pente moyenne de 30 %; bordé par une petite rivière créant un microclimat, il porte deux Grands Crus se jouxtant mais néanmoins très différents, en raison de la nature distincte de leurs sous-sols.

Le Kastelberg, d'une superficie de 5 ha 82 a, uniformément orienté au sud, est le seul vignoble d'Alsace à pousser sur des schistes, principalement schistes de Steige du silurien, constitués de fines lamelles de mica séricité, de grains de quartz et de chlorite. Il en résulte des sols peu profonds, de couleur rouge foncé, très caillouteux, donc bien drainés.

Le Wiebelsberg couvre, sur 10 ha 32 a, les pentes sud-est du même coteau. Le substrat est composé de grès des Vosges en surface et de schistes de Villé en profondeur, dont la décomposition donne un sol sableux gardant la chaleur et facilitant l'écoulement des eaux. Sur ces deux lieux-dits, le riesling est particulièrement bien adapté, les vins étant virils et fruités; grâce aux schistes, ce sont des vins de bonne garde.

« Soir plus léger qu'ailleurs de l'automne du pays des vignes. » (Julien Gracq).

Le minéral, le végétal et les constructions des hommes trouvent ici leur harmonie.

A l'Ancien Moulin de l'Abbaye

Voir Klein

Boeckel, Emile

◇ *Wiebelsberg*
Commune : 67140 Andlau. ***Propriétaire :*** Emile Boeckel. ***Superficie :*** 2 ha 95 a. ***Nature du sol :*** grès des Vosges. ***Orientation :*** sud/sud-est. ***Encépagement :*** 100 % riesling. ***Age moyen :*** 20 ans. ***Rendement :*** 46 hl/ha. ***Production :*** 138 hl/an. ***Vente :*** sur place et par correspondance; Emile Boeckel, BP 53, 67140 Mittelbergheim.
La flamme qui orne le courrier au départ de la maison Boeckel de Mittelbergheim, laissant deviner un imposant ensemble architectural à colombages, traduit, un peu à la manière des cachets de cire du temps jadis, l'envergure de ses propriétaires-négociants. Ce sont les Boeckel qui, les premiers, ont remis en plantation ce lieu-dit, qui avait été abandonné du fait de la difficulté de sa culture en terrasses.

Durrmann, André

◇ *Kastelberg*
Commune : 67140 Andlau. ***Propriétaire :*** André Durrmann. ***Superficie :*** 64 a. ***Nature du sol :***

schistes de Steige. ***Orientation :*** sud. ***Encépagement :*** 100 % riesling. ***Age moyen :*** 15 ans. ***Rendement :*** 30 à 50 hl/ha. ***Vente :*** sur place et par correspondance; André Durrmann, 11, rue des Forgerons, 67140 Andlau.

Sur la grand'place d'Andlau, à l'ombre du château, un détail insolite frappe le regard : un même magasin présente divers modèles de chaussures, dans sa vitrine de gauche et, en parfaite symétrie dans celle de droite, des bouteilles sagement alignées, surmontées de l'écriteau « André Durrmann, vins d'Alsace ». En pénétrant dans la coquette boutique, vous trouverez madame Durrmann mère, en train de conseiller une cliente cherchant chaussures à son pied. Si vous lui demandez André, elle vous dira aimablement de suivre le plan indiqué dans la vitrine de droite, pour parvenir jusqu'à une grande porte cochère. Tirez la chevillette et André Durrmann, son jeune viticulteur de fils, vous ouvrira; à moins qu'il ne soit sur le coteau du Kastelberg, à s'occuper avec ardeur de ses parcelles préférées de riesling!

Gresser, André et Rémy (Domaine)

◇ *Wiebelsberg*

Commune : 67140 Andlau. ***Propriétaires :*** André et Rémy Gresser. ***Superficie :*** 1 ha. ***Nature du sol :*** grès des Vosges. ***Orientation :*** sud. ***Encépagement :*** 100 % riesling. ***Age moyen :*** 60 % de 30 à 40 ans, 40 % plus de 65 ans. ***Rendement :*** 35 à 65 hl/ha. ***Vente :*** sur place et par correspondance; Domaine André et Rémy Gresser, 2, rue de l'Ecole, 67140 Andlau.

En grande année, les vieilles vignes sont récoltées à part, vinifiées en cuvée particulière et commercialisées avec la mention « Sélection de vieilles vignes ». De très bonne maturité, un vin corsé et équilibré, tel était le jugement élogieux du *Guide Hachette*, pour le millésime 1983. *Voir aussi le Moenchberg.*

Gresser, Fernand (Domaine)

Voir Kreydenweiss

Klein et Fils, Jean-Pierre

◇ *Wiebelsberg*

Commune : 67140 Andlau. ***Propriétaire :*** GAEC Jean-Pierre Klein et Fils. ***Superficie :*** 60 a. ***Nature du sol :*** grès des Vosges. ***Orientation :*** sud. ***Encépagement :*** 100 % riesling. ***Age moyen :*** 18 ans. ***Rendement :*** 45 à 60 hl/ha. ***Vente :*** sur place et par correspondance; GAEC Jean-Pierre Klein et Fils, 1, rue du Maréchal-Joffre, 67140 Andlau.

Les Klein vivent de la vie des peuples heureux et sans histoire dans leur maison de 1613, ancien moulin de l'abbaye, d'où le nom du domaine qui compte 7 hectares de vignes, dont

Vitrail d'octobre. Maison Boeckel.

Le domaine Fernand Gresser.

60 ares dans ce lieu-dit. L'Allemagne et la Norvège accueillent leurs vins. Deux cris du cœur de Mme Klein : une certaine lassitude face aux demandes incessantes d'étiquettes en provenance du monde entier et son soulagement d'avoir dépassé le cap des 70 cl pour celui des 75 cl (changement qui a entraîné l'achat de bouteilles, d'étiquettes, de cartons d'emballage neufs, etc., condition *sine qua non* pour correspondre aux normes internationales).

Klipfel (Domaine)

◇ *Kastelberg*

Commune : 67140 Andlau. ***Propriétaire :*** Domaine Klipfel. ***Superficie :*** 1 ha 50 a. ***Nature du sol :*** schistes de Steige. ***Orientation :*** sud. ***Encépagement :*** 100 % riesling. ***Age moyen :*** 12 ans. ***Rendement :*** 50 hl/ha. ***Vente :*** sur place et par correspondance; Domaine Klipfel, 6, avenue de la Gare, 67140 Barr.

Le portrait d'André Lorentz, en tenue de Grand Maître de la Confrérie Saint-Etienne, daté de 1976 – millésime prestigieux, s'il en fut – voit défiler quelque 30 000 visiteurs par an, dans la grande salle de réception du caveau Lorentz-Klipfel, à Barr. Une collection de pressoirs, du XVIe siècle à nos jours, et d'outils viticoles, voire un contrecœur de cheminée en fonte représentant le miracle des Noces de Cana, ornent le vieux chai. Serge de Riz et son épouse y présentent, avec beaucoup de bonne humeur et d'efficacité, les vins des domaines Klipfel, dont ceux du Kastelberg ne sont pas des moindres. Jean-Louis Klipfel-Lorentz, responsable en œnologie, et son frère Guy, chargé du commercial, ont à cœur le rayonnement de l'ensemble de l'exploitation.

Kreydenweiss, Marc

Commune : 67140 Andlau. ***Propriétaire :*** Marc Kreydenweiss. ***Vente :*** sur place et par correspondance; Marc Kreydenweiss, 12, rue Deharbe, 67140 Andlau.

◇ *Kastelberg :*

Superficie : 80 a. ***Nature du sol :*** schistes de Steige. ***Orientation :*** sud-est. ***Encépagement :*** 100 % riesling. ***Age moyen :*** 30 ans. ***Rendement :*** 40 hl/ha.

◇ *Wiebelsberg :*

Superficie : 1 ha 50 a. ***Nature du sol :*** grès des Vosges. ***Orientation :*** sud-est. ***Encépagement :*** 100 % riesling. ***Age moyen :*** 15 ans. ***Rendement :*** 45 hl/ha.

Marc et Catherine Kreydenweiss habitent une maison alsacienne typique au bord de l'Andlau (Marc avoue que le bruit familier de l'eau lui manque la nuit, quand il est en déplacement), juste en contrebas du Kastelberg. Ils tiennent tant à la notion de lieux-dits, que Catherine a ouvert une « Boutique des vins » où les grands crus sont à l'honneur, prouvant, si besoin en était, que des produits ayant comme dénominateur commun la recherche de la qualité peuvent aisément cohabiter, voire se valoriser. La présence souriante de Catherine ne saurait nuire à la cause défendue. *Voir aussi le Clos Rebgarten.*

Marronniers (Domaine des)

Voir Wach

Moritz, Charles

Commune : 67140 Andlau. ***Propriétaires :*** Charles et Claude Moritz. ***Vente :*** sur place et par correspondance; GAEC Charles Moritz et Fils, 6, rue du Général-Koenig, 67140 Andlau.

◇ *Kastelberg*

Superficie : 88 a 96 ca. ***Nature du sol :*** schistes de Steige. ***Orientation :*** sud. ***Encépagement :*** 100 % riesling. ***Age moyen :*** 30 ans. ***Rendement :*** 50 à 60 hl/ha.

◇ *Wiebelsberg*

Superficie : 36 a 65 ca. ***Nature du sol :*** grès des

Après tout, la vigne n'est-elle pas un bonsaï?

Fontaine au cœur d'Andlau.

Vosges. ***Orientation :*** sud-est. ***Encépagement :*** 100 % riesling. ***Age moyen :*** 30 ans. ***Rendement :*** 50 à 60 hl/ha.
Leurs 7 000 bouteilles annuelles de riesling Kastelberg constituent la fierté de Charles Moritz et de son fils Claude. C'est la vigne du Kastelberg qu'ils gardent pour la bonne bouche, la vendangeant, souvent, après la Toussaint. Dans tous les millésimes, ce vin porte l'expression de son terroir : « Un goût musqué avec un parfum de café vert. » Andlau l'exotique? Les étiquettes verticales, à la mode bordelaise, ont pour seul élément figuratif un raisin, bordeaux sur fond gris, ou gris sur fond bordeaux, comme les caractères typographiques; leur simplicité semble dire que, chez les Moritz, on tend à l'essentiel.

Schlosser, Marcel

◇ *Wiebelsberg*
Commune : 67140 Andlau. ***Propriétaire :*** Marcel Schlosser. ***Superficie :*** 25 a. ***Nature du sol :*** grès des Vosges. ***Orientation :*** sud/sud-est. ***Encépagement :*** 100 % riesling. ***Age moyen :*** 30 ans. ***Rendement :*** 65 à 70 hl/ha. ***Vente :*** sur place et par correspondance; Marcel Schlosser, 7, rue des Forgerons, 67140 Andlau.
Le riesling Wiebelsberg Grand Cru du domaine « Au Vieux Pressoir » provient du haut de la pente, qui exige un travail pratiquement manuel. Si, jeune, leur vin est plus fermé, moins aromatique que ceux du bas, à cause du sol plus pauvre et de la différence d'irrigation, en revanche, après 3 à 4 ans un renversement se produit. Le nom du domaine n'a rien de fantaisiste, puisqu'il y a une vingtaine d'années, Marcel Schlosser a encore utilisé le pressoir en bois de 1817, qui avait été conçu spécialement pour l'emplacement dévolu. Il permettait la presse de quatre grandes cuves à la fois. A l'époque, les Schlosser livraient la moitié des raisins à la cave coopérative. Depuis, leur vignoble s'est agrandi; fûts de chêne et cuverie moderne résument la conciliation entre passé et présent.

Vieux Pressoir (Domaine du)

Voir Schlosser

Wach, Guy

◇ *Kastelberg*
Commune : 67140 Andlau. ***Propriétaire :*** Guy Wach. ***Superficie :*** 60 a 59 ca. ***Nature du sol :*** schistes de Steige. ***Orientation :*** plein sud. ***Encépagement :*** 100 % riesling. ***Age moyen :*** 50 % 45 ans et 50 % 18 ans. ***Rendement :*** 60 hl/ha. ***Vente :*** sur place et par correspondance; Guy Wach, 5, rue de la Commanderie, 67140 Andlau.
Comment reconnaît-on la nouvelle génération des viticulteurs d'Andlau (quand ils ne portent pas le grand manteau rouge de leur confrérie) au cours des réunions? A leurs nœuds papillons! Guy Wach illustre cette jeune tradition. Celle de la viticulture, en revanche, est au moins aussi ancienne dans sa famille que les grands arbres qui ombragent la cour devant la maison et lui ont donné son nom : Domaine des Marronniers. Guy Wach décrit son riesling Grand Cru Kastelberg comme un « vin discret, harmonieux et racé ». Le riesling Vendanges tardives 1985, au bel équilibre fruit, sucre, acidité, corrobore cette affirmation. Une partie de la production est vendue en Allemagne, en Suisse, au Bénélux et jusqu'en... Nouvelle-Calédonie.

Kessler (Guebwiller) → Spiegel

Kirchberg (Barr)

Commune : Barr. ***Champ de fractures :*** Saverne. ***Carte :*** page 111.
L'antique Barra celtique, à la prospérité légendaire au cours des siècles, malgré sacs et déboires (ne disait-on pas que tout Barrois ne pouvait être que millionnaire?), peut s'enorgueillir d'avoir organisé la première Foire aux vins d'Alsace en 1906. Y étaient à l'honneur les produits du coteau en pente raide qui borde la ville au nord, la colline du Kirchberg, ainsi baptisée en l'honneur de la chapelle Saint-Martin, érigée en son sommet.
Le sous-sol du Kirchberg, situé dans le champ de failles de Barr, est particulièrement complexe, alliant conglomérats oligocènes, calcaires oolithiques du jurassique, voire argiles marneuses de l'oxfordien. Chaque parcelle peut donc différer de sa voisine; mais, dans l'ensemble, le sol est en majorité argilo-calcaire, légèrement rubéfié, riche en cailloutis de nature variée et de faible profondeur, mais bien orienté sud-est.
Compte tenu de leur diversification pédologique, les 40 hectares de ce cru supportent les quatre cépages nobles, avec une préférence pour le riesling et le gewurztraminer; ce dernier, à maturation assez tardive, y acquiert une belle longévité.

Cossu et bien assis, l'hôtel de ville de Barr.

Alsace Willm

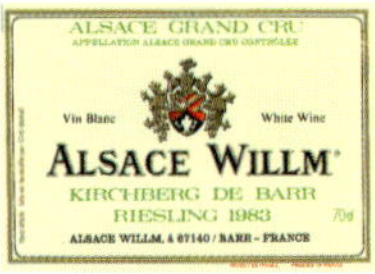

Commune : 67140 Barr. ***Propriétaire :*** Cave vinicole d'Eguisheim. ***Superficie :*** 8 ha. ***Nature du sol :*** argilo-calcaire. ***Orientation :*** sud-est. ***Encépagement :*** riesling, gewurztraminer, tokay-pinot gris, muscat. ***Age moyen :*** 20 ans. ***Rendement :*** 70 hl/ha. ***Vente :*** sur place et par correspondance; Alsace Willm, 32, rue du Docteur-Sultzer, 67140 Barr. *Voir aussi l'Eichberg et le Clos Gaensbroennel.*

Boeckel, Emile

(jeunes vignes)

Commune : 67140 Barr. ***Propriétaire :*** Emile Boeckel. ***Superficie :*** 42 a. ***Nature du sol :*** argilo-calcaire. ***Orientation :*** sud-est. ***Encépagement :*** 50 % riesling, 50 % gewurztraminer. ***Age moyen :*** 20 ans. ***Rendement :*** 54 hl/ha. ***Vente :*** sur place et par correspondance; Emile Boeckel, BP 53, 67140 Mittelbergheim. *Voir aussi le Wiebelsberg.*

Héring (Domaine)

Commune : 67140 Barr. ***Propriétaire :*** Pierre Héring. ***Superficie :*** 4 ha 70 a. ***Nature du sol :*** argilo-calcaire. ***Orientation :*** sud/sud-est. ***Encépagement :*** 20 % tokay-pinot gris, 30 % riesling, 50 % gewurztraminer. ***Age moyen :*** 30 ans. ***Rendement :*** 53 hl/ha. ***Vente :*** sur place et par correspondance; Héring et Fils, 67140 Barr.
Né en 1814 dans une famille de pharmaciens, Edouard Héring, un ancêtre passionné de botanique et de géologie, fit planter le haut du Kirchberg de sapins, pour protéger les vignes de la pente du vent du nord... Quant à l'arrière-grand-père de Pierre Héring, qui fut vigneron et pépiniériste, comme le rappellent la serre de forçage au fond du jardin qui jouxte, encore et toujours, le Kirchberg, ainsi que le papier à

A l'enseigne de Héring.

lettres sépia soigneusement gardé, portant la mention « Porte-greffes, Bois américain, Replants greffés », il sélectionna tout simplement un porte-greffe, le « Barr 503 ». Comment, avec de tels antécédents, ne pas être propriétaire-récoltant sur ce même Kirchberg? Le gewurztraminer fin et le riesling élégant du millésime 1986 demandent toutefois à vieillir. *Voir aussi le Clos Gaensbroennel.*

Heywang, Jean

Commune : 67140 Barr. ***Propriétaire :*** GAEC Jean Heywang. ***Superficie :*** 80 a. ***Nature du sol :*** argilo-calcaire. ***Orientation :*** sud/sud-est. ***Encépagement :*** 100 % gewurztraminer. ***Age moyen :*** 30 ans. ***Rendement :*** 52 hl/ha. ***Vente :*** sur place et par correspondance; GAEC Jean Heywang, 7, rue Principale, 67140 Heiligenstein. *Des gewurztraminer pleins, en bouche, rappelant la rose, et de bonne longévité.*

Kleinknecht, André

45, rue Principale, 67140 Mitterlbergheim

Klipfel (Domaine)

Commune : 67140 Barr. ***Propriétaire :*** Domaine Klipfel. ***Superficie :*** 11 ha (dont les 5 ha du Clos Zisser). ***Nature du sol :*** argilo-calcaire. ***Orientation :*** plein sud. ***Encépagement :*** gewurztraminer. ***Rendement :*** 40 à 50 hl/ha. ***Vente :*** sur place et par correspondance ; Domaine Klipfel, 67140 Barr. *Voir aussi le Clos Zisser et le Kastelberg.*

Kirchberg (Ribeauvillé) → Geisberg

Kitterlé (Guebwiller) → Spiegel

Moenchberg (Eichhoffen)

Commune : Eichhoffen. ***Champ de fractures :*** Saverne. ***Carte :*** page 111.
C'est le sudiste des grands crus du Bas-Rhin. Eichhoffen, situé un peu à l'écart (mais à peine) de la Route du Vin, qui lui a préféré sa voisine Andlau, partage avec celle-ci, en bonne intelligence et amour du bon riesling, le terroir du Moenchberg situé à cheval sur leurs deux finages. Ce « mont des Moines » devait vraisemblablement être connu depuis le plus haut Moyen Age comme un lieu propice à la vigne, car Médard Barth, auteur alsacien qui s'est passionné, au début de ce siècle, pour l'histoire du vignoble rapporte que, dès 1097, les Bénédictins de l'abbaye d'Altdorf y cultivaient force arpents. Le lieu-dit actuel s'étend sur une superficie de 10 ha 32 a et repose entièrement sur des matériaux soliflués au quaternaire, constitués d'une matrice limono-argileuse, incluant des débris de roches très anguleux et de dimensions réduites, recouvrant des conglomérats de galets de muschelkalk. La pente y est moyenne, avec une orientation sud-est qui lui permet un ensoleillement appréciable et assure au vignoble une protection contre les vents dominants. Le riesling y réussit bien, donnant des vins charpentés et nerveux.

Gilg et Fils, Armand

Commune : 67140 Andlau/Eichhoffen. ***Propriétaire :*** GAEC Armand Gilg et Fils. ***Superficie :*** 1 ha. ***Nature du sol :*** muschelkalk. ***Orientation :*** plein sud. ***Encépagement :*** 100 % riesling. ***Age moyen :*** 12 ans. ***Rendement :*** 60 hl/ha. ***Vente :*** sur place et par correspondance; GAEC Armand Gilg et Fils, 2-4, rue Rotland, Mittelbergheim, 67140 Barr.
Dans le village escarpé de Mittelbergheim, aux caves parfois creusées à même le roc, cette exploitation fort ancienne produit un riesling Grand Cru Moenchberg typé : aux « arômes de citronnelle et de menthe », en 1984, qui lui valut une étoile dans le *Guide des vins de France* (Hachette, édition 1987), et deux pour le millésime suivant, où son « corps équilibré, typé, marqué par une pointe acide qui lui communique nervosité et vivacité », était souligné. A la même époque, une revue allemande y relevait les mêmes caractéristiques. CQFD.

Gresser, André et Rémy (Domaine)

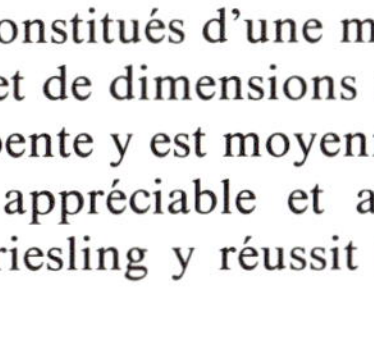

Commune : 67140 Andlau. ***Propriétaires :*** André et Rémy Gresser. ***Superficie :*** 60 a. ***Nature du***

sol : marno-calcaire. ***Orientation :*** sud. ***Encépagement :*** 100 % riesling. ***Age moyen :*** 30 ans. ***Rendement :*** 60 hl/ha. ***Vente :*** sur place et par correspondance; Domaine André-Rémy Gresser, 2, rue de l'Ecole, 67140 Andlau.
Président de la Jeune Chambre Economique de Strasbourg, vice-président de la Confrérie des Hospitaliers du Haut d'Andlau, Rémy Gresser apparaît comme un caractère entier; il ne ménage ni son énergie, ni son temps, ni les idées qu'il ne partage pas... Il vous brossera, avec une ardeur égale, un tableau de la viticulture alsacienne, ou d'Andlau aux trois lieux-dits cités par l'ampélographe Stoltz (qui a une plaque commémorative non loin de sa maison), ou encore du marché espagnol qui lui semble intéressant à pénétrer (70 % des vins du domaine sont exportés, surtout vers les pays de l'Europe du Nord). Son point d'honneur : l'esprit de la Confrérie des Hospitaliers, qui tient en deux mots, entraide et ouverture. Entre viticulteurs, cela se traduit par la présentation régulière des crus des uns aux autres, et en un échange de conseils fondés sur la connaissance respective des terroirs. Mais qui donc a dit : « Si tu diffères de moi, loin de me léser, tu m'enrichis? »

Gresser, Fernand (Domaine)

Voir Kreydenweiss

Kreydenweiss, Marc

Commune : 67140 Andlau/Eichhoffen. ***Propriétaire :*** Marc Kreydenweiss. ***Superficie :*** 70 a. ***Nature du sol :*** marno-calcaire. ***Orientation :*** sud. ***Encépagement :*** 100 % tokay-pinot gris. ***Age moyen :*** 7 ans. ***Rendement :*** 50 hl/ha. ***Vente :*** sur place et par correspondance; Marc Kreydenweiss, 12, rue Deharbe, 67140 Andlau. *Voir aussi le Kastelberg.*

Mattern, R.

10, cour de l'Abbaye, 67140 Andlau

Moritz, Charles

Commune : 67140 Andlau/Eichhoffen. ***Propriétaires :*** Charles et Claude Moritz. ***Superficie :*** 14 a 60 ca. ***Nature du sol :*** argilo-limoneux. ***Orientation :*** sud/sud-est. ***Encépagement :*** riesling 100 %. ***Age moyen :*** 20 ans. ***Rendement :*** 50 à 60 hl/ha. ***Vente :*** sur place et par correspondance; Charles et Claude Moritz, 6, rue du Général-Koenig, Andlau, 67140 Barr. *Voir aussi le Kastelberg.*

Schlosser, Marcel

Commune : 67140 Eichhoffen. ***Propriétaire :*** Marcel Schlosser. ***Superficie :*** 1 ha. ***Nature du sol :*** marno-argilo-calcaire. ***Orientation :*** sud/sud-est. ***Encépagement :*** 100 % gewurztraminer. ***Age moyen :*** 15 à 35 ans. ***Rendement :*** 60 hl/ha. ***Vente :*** sur place et par correspondance; Marcel Schlosser, 7, rue des Forgerons, 67140 Andlau.
Marcel Schlosser produit le seul gewurztraminer Grand Cru du Moenchberg car, contrairement au muschelkalk qui caractérise l'ensemble du lieu-dit, la limite basse de la pente, marno-argilo-calcaire, est connue de longue date pour son adéquation à ce cépage. Il s'agit même d'une tradition familiale, puisque le grand-père de Marcel Schlosser, en 1880, la complantait déjà de la sorte. Usage vaut raison.

Vieux Pressoir (Domaine du)

Voir Schlosser

Wach, Guy

Commune : 67140 Eichhoffen. ***Propriétaire :*** Guy Wach. ***Superficie :*** 31 a. ***Nature du sol :*** limono-argilo-calcaire. ***Orientation :*** plein sud. ***Encépagement :*** riesling 100 %. ***Age moyen :*** 25 % 7 ans, 75 % 37 ans. ***Rendement :*** 60 hl/ha. ***Vente :*** sur place et par correspondance; Guy

Wach, 5, rue de la Commanderie, 67140 Andlau. *Voir aussi le Kastelberg.*

Wach, M.-J.

16A, rue du Maréchal-Foch, 67140 Andlau

Ollwiller (Wuenheim)

Commune : Wuenheim. ***Champ de fractures :*** Thann. ***Carte :*** page 114.
Wuenheim est un petit village qui jouxte la partie méridionale de la Route du Vin, sur les flancs sud-est du mont Saint-Georges, dans la cuvette formée par les massifs du Heidelberg et du Vieil-Armand (rendu célèbre par les combats de la Grande Guerre), qui le protègent des vents du nord. Si l'un de ses châteaux date du XIIe siècle, ses vins étaient bien connus, tout au long du Moyen Age, car très tôt moines et prêtres suisses en avaient fait leur vin de messe favori. « Par Saint Georges,... que diable! »
Le lieu-dit d'Ollwiller, nom d'un petit hameau à la limite de la commune d'Hartmannswiller, d'origine gallo-romaine certainement, comme la plupart des communes aux alentours, court sur 35 hectares 86 ares de pentes moyennes orientées sud-est. Les sols y sont sablo-argileux rougeâtres, parfois rendus plus lourds par la présence de marnes. Avec des précipitations annuelles de l'ordre de 450 mm de pluies, l'Ollwiller apparaît comme l'une des zones les plus sèches du vignoble alsacien, à l'instar de celle de Colmar. Un climat quasi méditerranéen, sec et chaud, où le gewurztraminer et le riesling acquièrent finesse et distinction.

Ollwiller (Château)

Commune : 68360 Wuenheim. ***Propriétaire :*** SCA du Domaine d'Ollwiller (J.-H. Gros et ses Fils). ***Superficie :*** 10 ha. ***Nature du sol :*** argilo-sablonneux. ***Orientation :*** sud-est. ***Encépagement :*** 10 % gewurztraminer, 90 % riesling. ***Vente :*** sur place et par correspondance; Domaine d'Ollwiller, 68360 Wuenheim (rattachée à la Cave vinicole d'Eguisheim).
Dans un « Mémoire présenté à Son Excellence le ministre de l'Exportation et du Commerce, pour le Concours régional agricole de Colmar, en 1860 », le propriétaire du château d'Ollwiller, M. Gros, « manufacturier », présentait de la sorte le vignoble rattaché à son domaine : « Placé en amphithéâtre sur une pente adoucie, il reçoit les premiers rayons du soleil et ce n'est que dans les dernières heures du jour que la

Cuverie moderne d'Ollwiller.

proximité de la montagne le prive de son effet bienfaisant. La position de ce vignoble est donc très bonne; aussi, les produits en sont-ils considérés comme appartenant aux meilleurs de la haute Alsace et atteignent-ils des prix plus élevés que ceux des vignes avoisinantes. La plantation de ce vignoble est aussi ancienne que la construction du château (1750), nous en avons la preuve par des dates antérieures à 1770

remarquées sur les échalats *(sic)* qu'on a eu à remplacer à diverses époques. »
Après avoir reconnu « le danger de s'écarter trop des habitudes anciennes et générales d'une contrée », M. Gros poursuivait : « Les espèces de raisins cultivés dans notre vignoble sont le gentil gris, le gentil blanc, le gentil noir, le gentil rose, l'édel, le riesling, le rouge d'Alsace, le rouge de Bourgogne, le burger rouge, le burger blanc, le hongrie ou tokai, l'ollwer, le liverdon, divers chasselas. » Aujourd'hui, ce terroir est complanté en riesling surtout. 90 % de la production est exportée aux Etats-Unis.

Schwendenmann-Naegelen

8, rue des Jardins, Wuenheim, 68500 Guebwiller (riesling).

Vieil Armand

Voir Cave vinicole du Vieil Armand

Cave vinicole de Turckheim

Superficie : 1 ha 40 a. Non commercialisé sous cette dénomination.

Cave vinicole du Vieil Armand

Commune : 68360 Wuenheim. ***Propriétaire :*** Cave vinicole d'Eguisheim. ***Superficie :*** 15 ha. ***Nature du sol :*** argilo-sablonneux. ***Orientation :*** sud-est. ***Encépagement :*** 33 % gewurztraminer, 66 % riesling. ***Vente :*** sur place et par correspondance; Cave coopérative du Vieil Armand, 1, route de Cernay, 68360 Soultz. *Voir aussi l'Eichberg.*

Rangen (Thann)

Commune : Thann. ***Champ de fractures :*** Thann. ***Carte :*** page 114.
Le Rangen de Thann est placé sous l'« œil de la sorcière ». Il s'agit d'un tronçon du puissant donjon de l'Engelsbourg, renversé par les mines des Français au XVIIe siècle, lors du démantèlement du château. Détruit, il continue à veiller sur Thann et son vignoble, comme il l'a toujours fait depuis un certain soir de 1160 où, de son sommet, le comte Engelhard aperçut une lumière bizarre entre trois sapins (*Thannen*). C'était le miracle de saint Thiébaut, qui fut à l'origine de la ville.
Les vignes du Rangen ont de tout temps impressionné les hommes. Elles courent en effet sur un coteau rocheux abrupt, de plus de 60° de pente et écrasé par le soleil, véritable chaudron de sorcière.
Qui pourrait mieux qu'Olivier Zind-Humbrecht, qui en a longuement analysé les composants géologiques, présenter l'originalité de ses sols : « Le terroir du Rangen date du dévono-dinantien et du faciès Culm (dévonien-carbonifère). Au viséen, la mer baignait une cordillère en voie de surrection. Celle-ci fut démantelée par l'érosion des torrents, qui déversèrent des quantités de matériaux détritiques et végétaux dans des bassins peu profonds : ce sont les schistes et grauwackes de Culm. Des éruptions volcaniques ajoutèrent alors leurs coulées et leurs projections à ces accumulations déjà importantes... » En bref, le Rangen repose sur un substrat unique, volcano-sédimentaire acide, particulièrement favorable, si l'altération du sol fournit suffisamment d'argiles, à l'épanouissement de vins de grande garde. Sur 18 hectares 81 ares, s'élaborent depuis des millénaires, peut-être, quelques-uns des meilleurs crus d'Alsace.

Hertz, Bruno

Commune : 68800 Thann. ***Propriétaire :*** Bruno Hertz. ***Superficie :*** 1 ha 50 a. ***Age moyen :*** 6 à 45 ans. ***Nature du sol :*** volcano-sédimentaire. ***Orientation :*** sud-est. ***Encépagement :*** 40 ares gewurztraminer, 40 ares riesling. ***Rendement :*** 30 à 40 hl/ha. ***Vente :*** sur place et par correspondance; Bruno Hertz, 9, place de l'Eglise, 68240 Eguisheim.

« Si vous gravissez la pente raide du Rangen, vous entendez comme un crissement de verre », remarque le père de Bruno Hertz. Ces vignerons, dont les Bâtiments de France ont analysé la charpente de la maison et l'ont datée du XVe siècle (malheureusement la façade, du côté de l'église, a dû être reconstruite en 1850), élèvent leurs crus du Rangen dans la cave située sous l'ancienne salle d'armes des chevaliers d'Eguisheim. « Ce n'est pas un vin à médailles, car les dégustateurs n'y reconnaissent pas le type habituel; dès la vendange d'ailleurs, les moûts sont différents. » Au Rangen, point de gewurztraminer aux arômes de miel, mais un vin floral et minéral qui, selon Bruno Hertz, se rapproche d'un sancerre. Au XVIe siècle déjà, il était « interdit de mélanger le vin du Rangen avec d'autres et de commercialiser ce mélange sous le nom de vin du Rangen ».

Schoffit, Bernard

Commune : 68800 Thann. ***Propriétaire :*** Bernard Schoffit. ***Superficie :*** 2 ha 50 a. ***Nature du sol :*** volcano-sédimentaire. ***Orientation :*** plein sud. ***Encépagement :*** gewurztraminer (riesling, tokay-pinot gris : jeunes vignes). ***Rendement :*** 30 à 40 hl/ha. ***Vente :*** sur place et par correspondance; Bernard Schoffit, 66, Nonnenholzweg, 68000 Colmar.

Est-ce le goût des extrêmes qui a incité Bernard Schoffit à cultiver, en sus de ses vignes en plaine, à Colmar, des parcelles sur le plus pentu des coteaux alsaciens, à Thann?

« C'est parce qu'il est vraiment à part. Les vins y sont plus lourds, plus parfumés. Dans une dégustation banale, il n'aura aucune chance; mais parmi des Grands Crus, oui », répond Mme Schoffit; temps et soins décuplés sont oubliés.

Zind-Humbrecht (Domaine)

Commune : 68800 Thann. ***Propriétaire :*** Domaine Zind-Humbrecht. ***Superficie :*** 5 ha. ***Age moyen :*** 25 ans. ***Nature du sol :*** volcano-sédimentaire. ***Orientation :*** sud. ***Encépagement :*** 20 % gewurztraminer, 40 % riesling, 40 % tokay-pinot gris. ***Rendement :*** 25 à 40 hl/ha. ***Vente :*** sur place et par correspondance; Domaine Zind-Humbrecht, 34, rue du Maréchal-Foch, 68000 Wintzenheim. *Voir le Clos Saint-Urbain.*

Rosacker (Hunawihr)

Commune : Hunawihr. ***Champ de fractures :*** Ribeauvillé. ***Carte :*** page 112.
L'églantier – ou rosier sauvage – bordait-il les vignes du Rosacker en haies vives, comme semble l'indiquer le nom de ce lieu-dit, cité dès 1483? Le Rosacker moderne couvre 27 ha 24 a. Il repose sur un sol composé de muschelkalk (calcaire à coquillages), de marnes du trias et de couches à cératites. Il en résulte des sols calci-magnésiques à texture lourde, pourvus de cailloutis de nature variée, souvent siliceuse. L'altitude, entre 260 et 330 m, et l'exposition sud/sud-est sont particulièrement adaptées au riesling – qui donne, jeune, un vin aux arômes pointus, d'un poivré caractéristique, qui en vieillissant se « fossilise » – et au gewurztraminer.

Mallo et Fils, Frédéric

Commune : 68150 Ribeauvillé. ***Propriétaires :*** Frédéric Mallo et Fils Succ. ***Superficie :*** 1 ha 40 a. ***Nature du sol :*** argilo-calcaire. ***Orientation :*** sud-est. ***Encépagement :*** 25 % gewurztraminer, 75 % riesling. ***Age moyen :*** 10 à 35 ans. ***Rendement :*** 60 hl/ha. ***Vente :*** sur place et par correspondance; Frédéric Mallo et Fils Succ., 2, rue Saint-Jacques, 68150 Hunawihr.

« C'était dans la nuit brune – sur un clocher... » pointu, pourrait-on dire de celui de Hunawihr, dans les tons bleutés, entouré de la silhouette noire de trois sapins, avec des échalas en contrebas, tel qu'il a été dessiné sur l'étiquette choisie par les Mallo, dont le grand-père a été le premier vigneron de ce village à se lancer dans la mise en bouteilles. Aujourd'hui, leur exploitation regroupe 7 ha de vignes en production. Celles du Rosacker sont un de leurs fleurons, où ils ont choisi de privilégier le riesling.

Mittnacht-Klack

Commune : 68150 Ribeauvillé. ***Propriétaire :*** SARL Mittnacht-Klack. ***Superficie :*** 58 a 37 ca. ***Nature du sol :*** argilo-calcaire. ***Orientation :*** sud. ***Encépagement :*** 25 % riesling, 75 % gewurztraminer. ***Age moyen :*** 18 ans. ***Rendement :*** 60 hl/ha. ***Vente :*** sur place et par correspondance; Domaine Mittnacht-Klack, 8, rue des Tuileries, 68340 Riquewihr.

Ce n'est pas l'ourse de sainte Richarde, mais une évocation de l'emblème d'un village de Bavière, homonyme du nom de Klack, que les propriétaires ont fait représenter sur une pierre en grès rose qui orne la façade de leur maison moderne. Du côté des Mittnacht, comme du côté des Klack, l'on ne dénombre pas moins de cinq générations de vignerons. Il était par conséquent tout à fait légitime de donner à ce long usage un caractère de pérennité, en associant à la figure sculptée une serpette et deux raisins, symboles clairs de l'attachement à la vigne et à la production de ses vins.

Les ceps engourdis attendent le clairon du printemps.

A Hunawihr, un vignoble entre ciel et terre.

Cave vinicole de Hunawihr

Commune : 68150 Ribeauvillé. ***Propriétaire :*** Cave vinicole de Hunawihr. ***Superficie :*** 6 ha. ***Nature du sol :*** argilo-calcaire. ***Orientation :*** sud. ***Encépagement :*** 25 % gewurztraminer, 75 % riesling. ***Age moyen :*** 10 à 15 ans. ***Rendement :*** 70 hl/ha. ***Vente :*** sur place et par correspondance; Cave vinicole de Hunawihr, 48, route de Ribeauvillé, 68150 Hunawihr.

Il y eut des révolutions de palais, il y a des évolutions de goût, et, semble-t-il, un affinement de l'odorat qui soudain fait éclater les sensations olfactives du dégustateur, en un festival de nuances insoupçonnées ou ignorées, il y a peu encore. D'où un réel plaisir à la lecture de ces notations parfois fugitives :

« Riesling : le vin jeune est floral avec des parfums rappelant la vigne en fleur, parfois la fleur de tilleul. Avec le vieillissement, les arômes prennent un caractère plus minéral... »

« Gewurztraminer : arôme de rose, parfois de violette, ainsi que des nuances poivrées ou de clous de girofle en fonction des millésimes. Les parfums restent d'une grande finesse. » En conclusion, « bonne conservation » et « belle harmonie » sont assurées, pour les millésimes 1983, 1985 et 1986, conciliant poésie et sens du réel.

Schlossberg (Kientzheim et Kaysersberg)

Communes : Kientzheim et Kaysersberg. ***Champ de fractures :*** Ribeauvillé. ***Carte :*** page 112. A l'entrée du bourg fortifié de Kientzheim, la figure grimaçante du *Lallakenig* a tiré durant des siècles sa langue articulée aux vignobles des alentours, semblant dire que seul le sien valait quelque chose! La localité est en effet adossée à un coteau en pente raide, d'exposition plein sud, qui l'unit à sa voisine Kaysersberg (la romaine *Mons Caesari*), située plus en amont dans la vallée. C'est le Schlossberg couvert de vignes, dont le nom découle de la présence à ses flancs de l'important château-fort de Kaysersberg. La richesse de ce vignoble peut être suivie à travers les âges, depuis les premières mentions qui en ont été faites, dès 1304, dans les archives des abbayes.

En 1927, les viticulteurs de la vallée de Kaysersberg, soucieux de préserver la réputation de qualité de leurs vins, s'imposèrent une charte librement consentie, réglementant de strictes normes de production (taille, rendement, date de récolte, contrôle), mais dont le respect donnait droit à l'appellation Schlossberg. C'est à partir de cette convention que fut élaborée, en 1975, la reconnaissance officielle de ce Grand Cru.

La confrérie Saint-Etienne a établi son siège au château de Lazare de Schwendi.

Le Schlossberg s'étend sur un terrain granitique, formé de migmatites des Vosges, résultat de la recristallisation, au moment des plissements hercyniens, de matériaux gneissiques du précambrien. La diversité des minéraux (fluor, magnésium ou phosphore), alliées à la faible épaisseur de la couche arable qui oblige la racine à chercher sa nourriture à grande profondeur, déterminent la finesse et la multiplicité des arômes des vins de garde qui sont produits sur ce grand lieu-dit.

Blanck, André

Commune : 68240 Kientzheim. ***Propriétaire :*** GAEC André Blanck et Fils. ***Superficie :*** 1 ha 50 a. ***Nature du sol :*** granitique. ***Orientation :*** sud. ***Age moyen :*** 27 ans. ***Encépagement :*** 85 % riesling, 15 % gewurztraminer. ***Rendement :*** 60 hl/ha. ***Vente :*** sur place et par correspondance; GAEC André Blanck et Fils, Ancienne Cour des Chevaliers de Malte, 68240 Kientzheim.

André Blanck, propriétaire viticulteur établi dans l'ancienne cour des Chevaliers de Malte dont le mur impressionnant jouxte le château de la Confrérie Saint-Etienne (voisinage mérité), appartient à une famille chez qui les vignes du Schlossberg occupent une place de choix depuis plusieurs générations. A tel point que depuis belle lurette, leurs clients, lorsqu'ils passent commande, écrivent par exemple : « 8 cartons de Schlossberg », sans indication de millésime ou de cépage, « riesling » tombant sous le sens. Voilà qui démontre la renommée du lieu-dit, l'adéquation parfaite de ce cépage, ainsi que le savoir-faire et la vitalité de cette belle Maison.

Blanck, Paul

Commune : 68240 Kientzheim. ***Propriétaire :*** GAEC Paul Blanck et Fils. ***Superficie :*** 3 ha 50 a. ***Nature du sol :*** granitique. ***Orientation :*** sud. ***Age moyen :*** 15 à 20 ans. ***Encépagement :*** 100 % riesling. ***Rendement :*** 30 à 55 hl/ha. ***Vente :*** sur place et par correspondance; GAEC Paul Blanck et Fils, 32, Grand-Rue, 68240 Kientzheim.

Exemple vivant d'art populaire.

Dans cet important domaine, qui couvre une trentaine d'hectares, un grand intérêt est accordé à l'identité des terroirs, ce qui implique autant de vinifications séparées, en particulier de riesling. Ce cépage occupe en effet 30 % du vignoble de la Maison Paul Blanck et la totalité de leurs vignes dans le lieu-dit Grand Cru Schlossberg, qui fut le premier, en Alsace, à être reconnu sous cette appellation, en 1975. Nul doute que l'allant de Marcel Blanck ait été déterminant dans cette entreprise! Le dynamisme doit être un trait de caractère héréditaire, puisqu'en 1842, Philippe-Jacques Blanck, vigneron, présentait déjà ses vins au concours général de Colmar!

Vigne, cave, commercialisation se répartissent entre Bernard et Marcel, fils de Paul Blanck (vigneron et gourmet, c'est-à-dire l'intermédiaire entre ses pairs, et négociants ou restaurateurs), et leur beau-frère Jacques Barthelmé, ainsi que Philippe (fils de Marcel et de Lucie Blanck) et ses cousins Jacky et Frédéric. Dans le domaine de la vinification, le choix exclusif de cuves en émail et en inox relève de leur recherche de vins « élégants, droits, riches en nuances, de structure claire ». Avec leur riesling Schlossberg Grand Cru 1983, choisi par un restaurant gastronomique, les poissons à sauce très légère, non épicée, étaient conseillés.

Comtes de Lupfen (Domaine des)

Voir Blanck, Paul

Cadran solaire aux raisins.

Mann, Albert

Commune : 68240 Kientzheim. ***Propriétaire :*** Albert Mann. ***Superficie :*** 50 a. ***Nature du sol :*** granitique. ***Orientation :*** sud. ***Encépagement :*** riesling. ***Rendement :*** 50 hl/ha. ***Vente :*** sur place et par correspondance; Albert Mann, 13, rue du Château, 68000 Wettolsheim.

Salzmann

Commune : 68240 Kientzheim. ***Propriétaire :*** Salzmann-Thomann. ***Superficie :*** 2 ha 60 a. ***Nature du sol :*** granitique. ***Orientation :*** sud. ***Age moyen :*** 12 à 30 ans. ***Encépagement :*** 50 % riesling, 25 % gewurztraminer, 25 % tokay-pinot gris. ***Rendement :*** 40 à 45 hl/ha. ***Vente :*** sur place et par correspondance; Domaine de l'Oberhof, 3, rue de l'Oberhof, 68240 Kaysersberg.

Une partie du vignoble de la Maison Salzmann-Thomann correspond à la parcelle qui, originellement, portait le nom de Schlossberg. Pierre Thomann, après des études de lettres, est revenu à la propriété familiale pour se consacrer à la vigne, qu'il n'avait jamais tout à fait oubliée. Son commentaire, à l'image de son riesling Grand Cru Schlossberg, présente une note originale, dans la précision : « goût légèrement *foxé* (« renardé »), caractéristique du terroir ».

Sparr, Pierre

Commune : 68240 Kientzheim. ***Propriétaires :*** Pierre Sparr et ses Fils SA. ***Superficie :*** 47 a. ***Nature du sol :*** granitique. ***Orientation :*** sud. ***Encépagement :*** 100 % riesling. ***Rendement :*** 57 hl/ha. ***Age moyen :*** 23 ans. ***Vente :*** sur place et par correspondance; Pierre Sparr et ses Fils SA. BP1, Sigolsheim, 68240 Kaysersberg. *Voir aussi le Brand.*

Weinbach (Domaine)

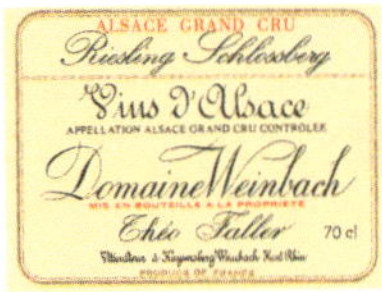

Commune : 68240 Kientzheim. ***Propriétaires :*** Colette Faller et ses filles. ***Superficie :*** 10 ha. ***Nature du sol :*** granitique. ***Orientation :*** sud.

Le musée de Kaysersberg.

Colette Faller.

Encépagement : 85 % riesling, 8 % gewurztraminer, 3 % tokay-pinot gris, 4 % pinot noir. ***Production moyenne :*** 75 000 bouteilles par an environ. ***Vente :*** sur place et par correspondance; Mme Théo Faller et ses filles, Domaine Weinbach, 68240 Kaysersberg.
Sur les 23 ha exposés plein sud du domaine Weinbach, cinq correspondent au célèbre Clos des Capucins et dix autres se situent dans le lieu-dit Grand Cru Schlossberg, dont le sol sablo-granitique léger est affectionné par le riesling. Colette Faller, tôt levée, très organisée, d'emblée à pied d'œuvre, planifiant sa journée le temps de sa gymnastique matinale, est à la tête d'une maison qui emploie quinze personnes en permanence et, au moment des vendanges, une trentaine. Elle infirme la boutade : « On ne s'improvise pas plus viticulteur qu'ancien riche », car, si elle avoue avoir été bien loin de soupçonner toutes les étapes qu'entraînent la culture de la vigne et l'élevage des vins, en épousant Théo Faller, elle a fait sienne la cause du vin d'Alsace. Quand elle parle du vin qui « respire » dans le vieux bois, ou du sucre résiduel qui en est la « nourriture » et lui permet de « vieillir », ce ne sont plus des mots, mais le fruit d'une expérience où la technique est sublimée par l'adhésion à son métier.

Cave vinicole de Kientzheim-Kaysersberg

Commune : 68240 Kientzheim. ***Propriétaires :*** adhérents de la cave vinicole. ***Superficie :*** 6 ha. ***Nature du sol :*** granitique. ***Orientation :*** sud. ***Age moyen :*** 18 ans. ***Encépagement :*** 100 % riesling. ***Rendement :*** 65 hl/ha. ***Vente :*** sur place et par correspondance; Cave vinicole de Kientzheim-Kaysersberg, rue des Vieux-Moulins, Kientzheim 68240 Kaysersberg.
Sur son « tarif », cette cave vinicole présente ainsi le vin issu des 6 hectares possédés par ses adhérents dans le lieu-dit : « Schlossberg » riesling Grand Cru. La primauté est accordée au terroir; le prix indiqué illustre la notion de haut de gamme. La dégustation ne saurait décevoir.

Sommerberg (Niedermorschwihr)

Commune : Niedermorschwihr. ***Champ de fractures :*** Ribeauvillé. ***Carte :*** page 112.
Situé à cheval sur les finages de Katzenthal et de Niedermorschwihr, jolis petits villages fleuris, sur la Route du Vin, à proximité de Colmar, le Sommerberg est orienté plein sud, sur un coteau ensoleillé et abrité. Il développe ses 27 ha au pied des Trois-Epis (cela aurait pu être trois grappes?), lieu de pèlerinage célèbre depuis que la Vierge y apparut en 1491, pour demander aux habitants des communes des environs de s'amender sérieusement.
La pente est accentuée, mais n'a jamais rebuté les viticulteurs des environs qui y cultivent la vigne depuis des siècles. Le sol est granitique, constitué de granit à deux micas, en état très avancé de désagrégation, donnant naissance à des arènes, lieu particulièrement apprécié par le riesling. Voilà qui donne des vins très typés qui demandent au minimum trois ans pour s'exprimer dans toute leur puissance.

A Niedermorschwihr, le Sommerberg ensoleillé.

Boxler et Fils, Albert

Commune : 68230 Niedermorschwihr. ***Propriétaire :*** Albert Boxler et Fils. ***Superficie :*** 2 ha 25 a. ***Nature du sol :*** granit. ***Orientation :*** sud. ***Encépagement :*** 75 % riesling, 25 % autres. ***Rendement :*** 60 hl/ha. ***Age moyen :*** 15 ans. ***Vente :*** sur place et par correspondance; Albert Boxler et Fils, 78, rue des Trois-Epis, 68230 Niedermorschwihr.
Une maison ancienne porte la serpette pour emblème. Un coteau qui étend sa croupe au soleil, au-dessus de Niedermorschwihr, localité viticole au clocher dans les vignes : c'est le Sommerberg! Sur la pente, des parcelles restent en friches : ne suggèrent-elles pas, à elles seules, les difficultés culturales dont Jean-Marc Boxler, en vigneron convaincu, ne dit mot?

Jean Geiler
Voir Cave vinicole d'Ingersheim

Cave vinicole d'Ingersheim

Commune : 68230 Niedermorschwihr. ***Propriétaire :*** Les Producteurs Réunis à Ingersheim. ***Superficie :*** 1 ha 50 a. ***Nature du sol :*** granit. ***Orientation :*** sud. ***Age moyen :*** 15 à 20 ans. ***Encépagement :*** gewurztraminer et riesling. ***Rendement :*** 50 hl/ha. ***Vente :*** sur place et par correspondance; Cave vinicole d'Ingersheim, 1, rue Georges-Clemenceau, 68000 Ingersheim.
Le riesling « Alsace Grand Cru Sommerberg » des Producteurs réunis d'Ingersheim se place sous la houlette de Jean Geiler (1445-1510), célèbre prédicateur de... Kaysersberg! Exemple d'œcuménisme viticole où frontières du ban et esprit de clocher ont cédé le pas à la moderne efficacité.

Cave vinicole de Turckheim
Superficie : 2 ha 12 a. *Voir le Brand.*

Sonnenglanz (Beblenheim)

Commune : Beblenheim. ***Champ de fractures :*** Ribeauvillé. ***Carte :*** page 112.
« En 1286, avant la Saint-Jean-Baptiste (24 juin), il y aurait eu à Beblenheim un cep de vigne dont un sarment portait des raisins longs comme la main et larges comme dix doigts! » (*Annales de Colmar*)
Le Sonnenglanz, « éclat du soleil », est situé sur le finage de Beblenheim, village « couronné d'amandiers », en limite du ban de sa proche voisine, la commune de Zellenberg. Cette frontière est stricte, car elle a été imposée en 1935, par décision judiciaire, à la demande des viticulteurs de Beblenheim qui voulaient garder l'exclusivité de leur cru. Elle correspond d'ailleurs à la ligne de changement de pente qui s'oriente au-delà vers le nord-est.
Le lieu-dit couvre 32 ha 80 a 50 ca (soit, pour être précis comme on aime à l'être à Beblenheim, 2 ha 21 a 04 ca de moins que la première délimitation de 1935). La tradition viticole y est ancienne, puisqu'on relève dans les archives qu'en 1249, les Cisterciens de l'abbaye de Pairis y possédaient des vignes.
Le substrat géologique est constitué de marnes et conglomérats interstratifiés de l'oligocène. Cela donne des sols argilo-calcaires assez lourds, mais bien orientés est/sud-est. Les vins produits sont parfois un peu sévères jeunes, mais d'une grande finesse et de bonne garde.

Les voies du Seigneur sont pénétrables.

Sur l'arête d'un coteau, Zellenberg, village pittoresque, surplombe son vignoble.

Baron de Hoen

Voir Cave vinicole de Beblenheim

Bott-Geyl

Commune : 68980 Beblenheim. ***Propriétaire :*** Bott-Geyl. ***Superficie :*** 2 ha. ***Nature du sol :*** argilo-calcaire. ***Orientation :*** sud/sud-est. ***Encépagement :*** 25 % tokay-pinot gris, 75 % gewurztraminer. ***Age moyen :*** 4 à 30 ans. ***Rendement :*** 60 hl/ha. ***Vente :*** sur place et par correspondance; Maison Bott-Geyl, 1, rue du Petit-Château, 68980 Beblenheim.

Sur l'arbre généalogique des Geyl, avant l'apparition de vignerons, il y a plus de cent ans, figuraient des laboureurs. Leur lien à la terre est donc fermement enraciné, comme chez les Bott, du côté maternel. En raison du sol à dominante calcaire du Sonnenglanz, des porte-greffes très résistants sont utilisés : 161-49, 41 B et Fercal, pour gewurztraminer et tokay-pinot gris, cépages par excellence de ce lieu-dit. Quant au riesling, ces producteurs le cultivent dans leurs parcelles de Ribeauvillé ou de Riquewihr... Les 12 ha en production des Bott-Geyl incluent les vignes de l'exploitation Ortlieb, nom lié à l'histoire régionale dès le XVIIIe siècle, grâce à l'invention d'un cépage, l'Ortlieber (ou petit Raüschling, devenu le Knipperlé, au siècle dernier), par Jean-Michel Ortlieb, en 1759. Ce vigneron établi à Riquewihr possédait un sens des affaires peu commun, puisqu'il fit même valoir ses plants auprès du roi Louis XVI et de Frédéric II de Prusse; ce dernier, peu sensible à la viticulture, refusa l'offre, « avec 100 thalers de douceurs », comme le relate Médard Barth.

Hartweg, Jean-Paul

Commune : 68980 Beblenheim. ***Propriétaire :*** Jean-Paul Hartweg. ***Superficie :*** 80 a. ***Nature du sol :*** argilo-calcaire. ***Orientation :*** sud-est. ***Encépagement :*** 25 % tokay-pinot gris, 75 % gewurztraminer. ***Vente :*** sur place et par correspondance; Jean-Paul Hartweg, 39, rue Jean-Macé, 68980 Beblenheim.

Lors de la première délimitation du Sonnenglanz, en 1935, la superficie retenue était de 35 ha 1 a 54 ca. L'on aurait tendance à en déduire que les viticulteurs ont le sens de la précision. Certains posséderaient en outre la vertu d'endurance, à en croire la signification de leur nom : Hartweg ou « chemin rude »; à moins qu'il ne s'agisse, plus simplement, de la désignation d'un lieu : chemin de la Hart... Quoi qu'il en soit, Jean-Paul Hartweg pratique celui du Sonnenglanz, de bout en bout, car ses vignes sont situées sur la partie haute du coteau. Si donc la première hypothèse n'était pas fondée, du moins avait-elle un côté prémonitoire...

Cave vinicole de Beblenheim

Commune : 68980 Beblenheim. ***Propriétaires :*** les viticulteurs de Beblenheim et environs. ***Superficie :*** 75 % de la surface du lieu-dit. ***Nature du sol :*** argilo-calcaire. ***Orientation :*** sud-est. ***Encépagement :*** 50 % gewurztraminer et tokay-pinot gris; le reste en divers. ***Age moyen :*** 20 à 25 ans. ***Rendement :*** 60 hl/ha. ***Vente :*** sur place et par correspondance; Cave vinicole de Beblenheim, 68980 Beblenheim.

De beaux bâtiments anciens – une fois n'est pas coutume – servent de cadre à la Cave vinicole de Beblenheim, qui regroupe 200 coopérateurs et est sise rue de Hoen. Comme la diversité des circuits de distribution présuppose la diversification des marques, le nom « Baron de Hoen », du nom du premier maître de céans, était tout indiqué; tout baron ayant un château (à colombages, en l'occurrence), le lieu géographique devint « Caves de Hoen, Château de Beblenheim »; la précision « mis en bouteilles par les producteurs réunis » et l'indication du lieu-dit et du cépage occupant, bien entendu, les emplacements réservés.

Spiegel (Bergholtz/Guebwiller), Kessler, Kitterlé et Saering (Guebwiller)

Communes : Bergholtz et Guebwiller. ***Champ de fractures :*** Rouffach-Guebwiller. ***Carte :*** page 113. Si Gebernwilare est mentionnée pour la première fois en 774, comme possession de l'abbaye de Murbach, on pense que les Romains y cultivaient déjà la vigne, sur les coteaux en terrasses qui la dominent. On se trouve, là, pratiquement à la latitude des premiers vignobles de Bourgogne et, de tout temps, ses vins puissants et corsés étaient appréciés malgré leur réputation de brise-mollets, en raison de leur force. L'abbaye de Murbach étend aussi son ombre sur le village voisin de Bergholtz, qui serait l'endroit, dit-on, où les moines fondateurs auraient établi leur première communauté, avant de s'isoler plus avant dans la vallée. Ces deux communes se partagent le Grand Cru Spiegel, qui couvre 18 ha 26 a, à mi-pente d'un coteau orienté globalement vers l'est. Les sols y sont assez lourds, plus ou moins profonds, de texture sablo-argileuse bien drainante. Gewurztraminer et tokay-pinot gris y viennent bien. Les trois Grands Crus de Guebwiller proprement dits, le Kessler, le Kitterlé et le Saering, sont imbriqués l'un dans l'autre, sur une avancée assez raide qui surplombe la ville. Le Kessler, mentionné dès 1394, couvre 28 ha 50 a, et repose sur un substrat de grès vosgien qui forme des sols sablo-argileux rougeâtres. Son exposition est/sud-est le protège des vents froids du nord, permettant l'épanouissement harmonieux du riesling.

Le Kitterlé (25 ha 79 a) apparaît en 1699. Il se développe face au sud, sur un éperon en très forte pente, qui impose la culture en terrasses. Le sol est constitué de grès grossiers du trias, associés à des graviers de quartz et à une matrice silico-ferrugineuse. Remarquablement ensoleillé, il donne des gewurztraminer et des riesling de grande qualité.
Le Saering (connu depuis 1250) prolonge de ses 26 ha 75 a, orientés est/sud-est, le Kitterlé. Situés sur des formations oligocènes, les sols présentent une texture assez lourde, argilo-sableuse, avec des cailloutis abondants. Il convient bien au riesling.

L'objectif enchanté fixe la magie du paysage.

Dirler

Propriétaire : Jean-Pierre Dirler. ***Vente :*** sur place et par correspondance; Jean-Pierre Dirler, 13, rue d'Issenheim, 68500 Bergholtz.
◇ *Spiegel*
Commune : 68500 Bergholtz. ***Superficie :*** 1 ha 38 a. ***Age moyen :*** 10 à 25 ans. ***Nature du sol :*** argilo-sablonneux. ***Orientation :*** sud-est. ***Encépagement :*** 58 % gewurztraminer, 26,8 % riesling, 15,2 % muscat. ***Rendement :*** 50 à 70 hl/ha.
◇ *Kessler*
Commune : 68500 Guebwiller. ***Superficie :*** 42 a. ***Age moyen :*** 30 ans. ***Nature du sol :*** argilo-sablonneux. ***Orientation :*** sud-est. ***Encépagement :*** 52 % riesling, 48 % sylvaner. ***Rendement :*** 50 à 70 hl/ha.
◇ *Saering*
Commune : 68500 Guebwiller. ***Superficie :*** 95 a. ***Age moyen :*** 8 à 10 ans. ***Nature du sol :*** marno-calcaire. ***Orientation :*** sud-est. ***Encépagement :*** 30 % gewurztraminer, 40 % riesling, 25 % muscat. ***Rendement :*** 50 à 70 hl/ha.
Spiegel, Saering et Kessler forment une rime aisée avec Dirler, famille connue de Bergholtz composée de propriétaires-viticulteurs depuis 1871. Leurs étiquettes et papier à en-tête sont placés sous l'effigie d'un Alsacien au visage heureux, coiffé de la toque d'autrefois, un verre tulipe à la main rempli de (leur) vin. Cette maison sérieuse produit des vins bien typés :

gewurztraminer Grand Cru du Spiegel, riesling et muscat Grand Cru du Saering et également riesling, au cœur du Grand Cru du Kessler.

Hell-Cadé, Léon

◇ *Kitterlé*
14, route de Colmar, 68500 Guebwiller.
Entreprise familiale sympathique, menée par les parents et leur fille aînée, au pied d'un des coteaux réputés de Guebwiller.

Lorberger-Hell, Joseph

◇ *Spiegel*
10, route de Bergholtz-Zell, 68500 Bergholtz.

Meyer, Eugène

◇ *Spiegel*
Commune : 68500 Bergholtz. ***Propriétaire :*** Eugène Meyer. ***Superficie :*** 1 ha 20 a. ***Nature du sol :*** argilo-sablonneux. ***Orientation :*** sud-est. ***Encépagement :*** gewurztraminer, riesling, tokay-pinot gris. ***Rendement :*** 60 hl/ha. ***Vente :*** sur place et par correspondance; Eugène Meyer, 21a, rue de Bergholtz-Zell, 68500 Bergholtz.
La particularité de cette exploitation, sise dans l'ancienne cour dîmière de l'abbaye de Murbach, à Bergholtz, c'est l'adoption, en 1969, de la méthode bio-dynamique selon les principes de Rudolph Steiner. Ses vins, auxquels a été attribuée la « garantie Déméter » dès sa création en France, en 1980, répondent à des critères précis : fermentation spontanée qui amène du soufre naturel produit par les levures sauvages du raisin, par exemple. Des contrôles

Le vieillissement d'un grand vin est une forme de contemplation.

Eric Beydon.

ont révélé le résultat suivant : « recherche d'insecticides – négatif ». Leur attachement à leurs vignes du Spiegel et leur présence au Salon Marjolaine à Paris et à la Foire éco-biologique de Rouffach, chaque année, démontrent qu'écologie et Grands Crus peuvent se concilier.

Schlumberger (Domaines)

Propriétaire : Domaines Schlumberger. ***Vente :*** sur place et par correspondance; Domaines Schlumberger, 100, rue Théodore-Deck, 68500 Guebwiller.

◇ *Spiegel*
Commune : 68500 Guebwiller. ***Superficie :*** 10 ha. ***Age moyen :*** replanté en jeunes vignes. ***Nature du sol :*** argilo-sablonneux. ***Orientation :*** sud-est.

◇ *Kessler*
Commune : 68500 Guebwiller. ***Superficie :*** 25 ha. ***Age moyen :*** 15 ans. ***Nature du sol :*** argilo-sablonneux. ***Orientation :*** sud-est. ***Encépagement :*** 50 % gewurztraminer, 10 % tokay-pinot gris, 40 % divers. ***Rendement :*** 47 hl/ha.

◇ *Kitterlé*
Commune : 68500 Guebwiller. ***Superficie :*** 20 ha (plus 2 ha en cours de plantation). ***Age moyen :*** 25 ans. ***Nature du sol :*** grès grossier et sable granitique. ***Orientation :*** sud. ***Encépagement :*** 20 % tokay-pinot gris, 40 % gewurztraminer, 30 % riesling. ***Rendement :*** 40 à 50 hl/ha.

◇ *Saering*
Commune : 68500 Guebwiller. Superficie : 22 ha. ***Age moyen :*** 15 ans. ***Nature du sol :*** marno-calcaire. ***Orientation :*** sud-est. ***Encépagement :*** 60 % riesling, 20 % gewurztraminer, 20 % divers. ***Rendement :*** 54 hl/ha.

A sa sortie de l'ESSEC (option Finances et Comptabilité), Eric Beydon savait, selon ses propres dires, « à peu près distinguer un pissenlit d'une marguerite ». Cette connaissance un peu approximative de la nature ne gêna en rien son entrée dans un cabinet de consultants parisien. Quand, après le décès de sa célèbre grand-mère Christine Schlumberger – qui avait dirigé le domaine de 1954 à 1971 –, il fut appelé à Guebwiller pour une période de trois mois, il était encore loin de se douter qu'en accompagnant dans les vignes un ingénieur agronome de la famille, « très pédagogue », qui s'apprêtait à prendre une retraite méritée, commençait pour lui un apprentissage dans les règles de l'art du métier de vigneron... Une période de quatre années s'ouvrait, partagée, au début, entre Marseille, où il effectuait son stage d'expertise comptable, et l'Alsace. Insensiblement, ses racines terriennes l'emportaient. D'autant que la dimension du vignoble lui permettait de mettre à profit ses acquis commerciaux et de gestion. Presque vingt ans après, l'expression souvent employée dans la presse anglo-saxonne : « The 1 % domaine » (d'après la surface de leurs vignes comparée à celle du vignoble alsacien dans sa totalité) lui convient, « à condition d'ajouter que la production en représente 0,5 % seulement », ajoute-t-il avec un sourire, résumant la philosophie de « sa maison », qui emploie 70 personnes.
Sur les quelque 140 hectares (dont 5, environ, en renouvellement, selon une rotation annuelle), les vignes situées dans les lieux-dits « Grands Crus » représentent plus de la moitié. Plantées à l'horizontale, elles nécessitent l'utilisation de sept chevaux comtois, issus d'un croisement, il y a deux cents ans, entre chevaux de trait et des Pyrénées; l'on aura compris que s'ils tiennent du mulet, ce sera tout à leur avantage, vu les pentes du Kitterlé, du Saering et du Kessler! Normalement, ils sont à même de parcourir 150 à 200 m sans s'arrêter, en tirant une charrue. Un jour, Eric Beydon se rendit à l'improviste dans ses vignes; de terrasse en terrasse, sa venue fut vite signalée et les laboureurs s'empressèrent à l'ouvrage. Mais les chevaux, habitués depuis 7 heures du matin aux pauses-cigarette ou causette de leurs guides, ne modifièrent aucunement leur rythme et s'arrêtaient, avec la régularité d'un métronome, tous les 50 m, malgré les exhortations qui pleuvaient sur eux...
Eric Beydon prend à cœur de passer chaque hiver quelques journées à tailler et, en été, certains samedis sur le tracteur-enjambeur équipé d'une rogneuse; il s'agit d'un modèle utilisé dans les pépinières bourguignonnes qui

Le Kitterlé, vu d'en bas, ressemble à une pyramide maya.

fait songer à un engin de science-fiction. Le lundi, la première activité de ses équipes permanentes consiste à aller vérifier « le travail du patron ».

Il est vrai que cette exploitation n'a rien de banal. Il suffit, pour s'en convaincre, de parcourir ces étendues mouvementées de vignes, où la densité des pieds est inférieure à la moyenne alsacienne. Le Kitterlé en particulier, vu d'en bas, ressemble à une pyramide maya et, d'en haut, à des « jardins suspendus » – non de Babylone, mais de Guebwiller! C'est le coteau de prédilection d'Eric Beydon, qui projette d'y réaliser un « mini-musée vivant du vignoble », planté de tokay-pinot gris, selon l'ancienne pratique de la culture en quenouille, grâce aux pierres rondes percées qui dépassent toujours des murs séculaires et dans lesquelles on fixait les échalas garde-fous et les tuteurs.

Au moment des vendanges, il s'écoule au maximum une heure entre la cueillette des raisins et le pressurage (la circulation en ville doit s'en ressentir!). Autant dans le vignoble les Schlumberger apparaissent comme des pionniers, autant dans la vinification ils restent prudents, pesant le pour et le contre de toute innovation, avec leur œnologue de l'école de Dijon, en la place depuis 1965. « Tant que la nature fait bien son travail... »

Dans la cave truffée de souterrains – la Lauch coulait rue Théodore-Deck au XVIe siècle encore –, la température reste constante, été comme hiver (entre 11 et 13 °C). Fûts de chêne et cuves vitrifiées, pressoirs Wasslin et pneumatiques, centrifugeuse et filtres traditionnels concourent à « un jeu d'orgue à plusieurs registres », selon les cépages et les cuvées.

Eric Beydon évoque aussi la latitude qui est celle de la Bourgogne et le côté « Côte rôtie »; le rythme de l'élevage des vins et la garde de trois récoltes en stock, accordant « un repos de deux ans » au vin en bouteilles, avant leur envoi dans une quarantaine de pays. Là, intervient le savoir-faire d'Evelyne Beydon, une Parisienne rencontrée aux Etats-Unis, qui partage non seulement avec son époux les exigences et la rigueur liées à leur nom, mais encore la tendresse envers leurs vignes et le sens profond du terroir, propres aux vignerons de vieille souche.

Cave vinicole d'Eguisheim

◇ *Spiegel*

6, Grand-Rue, 68420 Eguisheim. ***Superficie :*** 4 ha.

Wiebelsberg (Andlau) → Kastelberg

Echos des vendanges

Bien que l'Alsace soit une des provinces françaises qui ait subi le plus d'invasions et de destructions au cours des siècles, elle a néanmoins su conserver, outre un patrimoine artistique remarquable, la mémoire de la vie quotidienne des générations successives.
La vie du vignoble est ainsi perceptible, à travers les chroniques des monastères, les annales des ordres religieux ou des communes, et surtout les « livres de raison » tenus par les vignerons de tous temps, tradition qui se poursuit encore de nos jours. A Gueberschwihr, par exemple, entre les documents manuscrits détenus par les descendants de H.-J. Lichtle, vigneron du XVIIe siècle, et les archives de mainte famille, on peut découvrir trois siècles de vendanges, année par année.
Pour les périodes plus anciennes, un répertoire systématique avait été établi par le chanoine Médard Barth, grand chantre du vignoble alsacien, et consigné dans cet ouvrage de base *Der Rebbau des Elsass*, véritable bible du vin d'Alsace, dont on peut regretter l'absence de réédition depuis 1958 et de traduction en français. Les informations ont, bien entendu, été recoupées par consultation des chroniques et par analyse des citations recueillies par Maurice Boesch, dans *800 ans de viticulture en Haute-Alsace* (1981). Les appréciations peuvent varier, pour une même année, en fonction des microclimats.

Quantité		**Qualité**	
○	nulle	○	vin imbuvable
*	faible	*	mauvaise
**	moyenne	**	moyenne
***	bonne	***	bonne
****	abondante	****	très bonne
*****	exceptionnelle	*****	grand millésime

Année	Quantité	Qualité	Commentaires	Faits historiques
				680 Sainte Odile
				732 Bataille de Poitiers
765	***	***		
				768 Début du règne de Charlemagne
				842 Le Serment de Strasbourg
				880 Sainte Richarde à Andlau
882	****			
				917-926 Invasions hongroises
1000	*			
				1049-1054 Léon IX pape alsacien
1056	*			
				1066 Conquête de l'Angleterre
1069	*		Hiver froid, vignes gelées	
1093	*		Hiver froid, vignes gelées	
1096	○		Récolte nulle, famine	1096 Début 1re croisade
				1099 Prise de Jérusalem
1100	○		Récolte nulle, famine	
				1106 Révolte de Rouffach
				1123 Abbaye de Lucelle
				1124-1129 Famines en Europe
1126	○		Hiver froid, vignes gelées	
1129	○		Hiver sévère, famine	
1136	*		Excès de pluies puis sécheresse	1136 Guerres en Alsace
1143	○		Hiver froid, vignes gelées	
1146	○		Gel à Pentecôte, récolte perdue	1146 2e croisade
				1163 Début de la construction de Notre-Dame de Paris
				1180 Philippe Auguste
1181	****	****		
1182	****	****		
1184	***	***		1184 Incendie de Strasbourg
1185	*****			
1186	*****	***		
				1187 Perte de Jérusalem
1189	○		Hiver glacial, vignes gelées	1189 3e croisade
1194	○		Mauvaise récolte, famine	
				Fin XIIe *Hortus deliciarum*
1205	○		Orage en juillet, récolte perdue	
1206	****			
				1208-1213 Croisade des albigeois
1210	*	****		
1213	***	***		
				1214 Bataille de Bouvines
1217	****			
1218	****			
1219	****			
1220	****			1220 Frédéric II empereur
1221	○		Mauvaise récolte, famine	
1227	*	****		
1228	*	****		1228 6e croisade
1230	*		Vendanges réduites (guerre)	1230 Guerres en Alsace
1232		*****		
1234	○		Hiver froid, vignes gelées	
1236	*****			1236 Les Castillans à Cordoue
1237	*			1237 Route du Saint-Gothard
				1244 Chute de Montségur
1246	○		Récolte dévorée par les chenilles	
1253	○		Grêle en été, récolte perdue	

Année	Quantité	Qualité	Commentaires	Faits historiques
				1254 La Grande Ligue du Rhin
1255	****		Abondance de vin (a servi à faire du ciment)	
1256	*			
1258	○		Année glaciale, récolte perdue	
1261	****	****		
1262	****	***		1262 Bataille d'Oberhausbergen
1266	*		Mauvais temps persistant	
1267	****	***		
1268	○		Hiver froid, vignes gelées	
1269	***	****		
				1270 8e croisade : mort de saint Louis
1271	○		Excès de pluie, récolte perdue	1271 Début voyage de Marco Polo
1272	*		Hiver glacial, invasion de loups	
1273	*			
1274		***		
1275	○		Tempête en août, récolte perdue	
1276	***	***		
1277	****			
1278	○		Gel fin mai, récolte perdue	
1279	*			1279 Les Mongols maîtres de la Chine
1281	*		Grêle en été, récolte faible	
1282		***		
1283	****	***		
1284	****	****		
1286	**			
1287	**	**		
1288	*		Gel fin mai, récolte faible	
1289	○		Grêle en été, récolte perdue	
1291	**	****		1291 Perte de la Terre sainte
1293	***	***		
1294	*	****		
1295	**			1295 Tremblements de terre en Alsace
1296	****	****		
1297	*****	****	Surproduction de vin	
1298	*****		Surproduction de vin	
1300	*****	*****	Effondrement des cours du vin	
1302	*	*	Hiver précoce et froid	1302 Inondations en Alsace
1303	**	**		
1304	***	**		
1305	*	*	Printemps pourri	
1306	*			
				1307-1321 Dante : *La Divine Comédie*
1309	*	***		1309 Les papes en Avignon
				1312 Turckheim ville libre
				1313-1315 Famines en Alsace
1314	○		Mauvaise récolte, famine	
1315	○		Pluies de mai à novembre	
				1316 Epidémie de variole
1325	****			1325 Les Aztèques fondent Mexico
1327	**	**		
				1328 Début guerre de Cent Ans
1332	****	*		
1333	*****	****		

Année	Quantité	Qualité	Commentaires	Faits historiques
1334	○		Vignes totalement gelées en avril	1334 Charte de Strasbourg
				1336 Pogroms de juifs en Alsace
1337	*			
1338	*****	****		
1339	○		Invasion de sauterelles	
1341	○		Gel en mai, récolte perdue	
1342	****	****		
1343		****		
1347	*	*	Fortes gelées tardives	
				1348-1351 La grande peste
1349	Année noire		Epidémie de peste bubonique	1349 La peste en Alsace
1351		*****		
1353	*****	*****		
				1354 La Décapole d'Alsace
				1356 Défaite de Poitiers
1359	*		Excès de pluies en été	1359 Tremblement de terre en Alsace
1363	*			1363 Les routiers en Alsace
1364	○		Invasion de sauterelles vers la Saint-Jean	
				1365 Incursion bandes de Coucy
1372	*			
1373	****	****		
1375	***	***		1375 Incursion bandes anglaises
1377	**	**		
1380	****	*****	Eté très chaud	1380-1422 Charles VI le Fou
1382	*	****		1382 Epidémie de peste
1384	****	**		
1386	*****	**		1386 Victoire suisse de Sempach
1387	****	***		
1388	***	**		1388 Pont de Strasbourg
				1389 Confédération suisse
1392	○		Gel en septembre, pas de récolte	1392 Université de Cracovie
1393	****	****		
1394	****	*		
1395	****	***		
1396	****	****		
1397	****	****		
1398	*****	****		
1399	***			
1408	*		Hiver glacial	1408 Le Rhin gelé
				1414-1418 Concile de Constance
1415	*	*		1415 Défaite d'Azincourt
1416	***			
1419	*		Excès de pluies en été	1419-1429 Guerre entre Strasbourg et la noblesse d'Alsace
1420	****	****	Vendanges en juillet	
1422	****			
1424	****			
1425	○		Hiver froid, vignes gelées	
				1427 Epidémie de peste en Alsace
1428	*		Hiver froid, forte neige	
				1429 Jeanne d'Arc à Orléans
1430	○		Hiver froid, récolte gelée	
1431	*****		Surabondance de vin	1431 Mort de Jeanne d'Arc
1433	*****		Bonne année malgré le gel	

Année	Quantité	Qualité	Commentaires	Faits historiques
1436	○		Excès de pluie, récolte perdue	1436-1444 Gutenberg à Strasbourg
1437	○		Pas de récolte, famine	
1438	○		Pas de récolte, famine	
1439	○		Pas de récolte, famine	1439 Les écorcheurs en Alsace
1441	****	***		
1442	○		Récolte détruite par le gel	
1443	*		Hiver dur, pas de récolte	
1444	○		Récolte détruite par le gel	1444 1re invasion des Armagnacs
1445	****	*		
1446	○		Récolte détruite par le gel; forte hausse du prix du vin	
1448	***	**		
				1449 Concile de Bâle
1450	***		Vendanges réduites (guerre)	1450 2e invasion des Armagnacs
				1453 Prise de Constantinople par les Turcs
1454	****			
1455	****		Chute des cours du vin	
1457	○		Récolte détruite par la grêle	
1458	*	****	Raisins mûrs le 21 mai	
1460	○		Hiver glacial, vignes gelées	1460 La *Bible de Strasbourg*
1461	****	****		1461-1483 Règne de Louis XI
1464	****	****		
1465	****	○	Vin acide et imbuvable; cas de décès	
1466	*	*****	Vin exceptionnel	1466 Guerre des Six Oboles
1470	○		Récolte détruite par la grêle	
1471	****	****	Vin remarquable	
1473	****	****	Vendanges finies avant le 24 août	1473 *La Vierge au buisson de roses* : Schöngauer
1474	*	*	Excès de pluie, vin acide	
1475	***	*****	Vendanges finies avant le 24 août	1475 Traité de Picquigny (fin de la guerre de Cent Ans)
1478	*****		Récolte surabondante	1478 Geiler de Kaysersberg prédicateur à Strasbourg
1479	*****		Récolte surabondante	
1480	*	*	Fortes inondations en juillet	1480 Le déluge du Rhin
1481	***	**		
				1482 Constitution de Strasbourg
1483	****	****		
1484	*****		Surabondance de vin : 50 litres valent le prix d'un œuf	
1485	*			1485 Henri VII roi d'Angleterre
1486	○		Automne pluvieux, raisins pourris	
1487	○		Récolte détruite par la grêle	
1489	**			
1491	**		Pluies abondantes, vin aigre	
1492	***		Vin très acide	1492 Découverte de l'Amérique
1493	****	****	Vin abondant et bon	1493 La Conspiration du Bundschuh, tentative de révolte des vignerons de Moyenne-Alsace
1494	○		Récolte détruite par le gel	1494 *La Nef des fous* du Strasbourgeois Sébastien Brant
1495	*****		Vendanges très abondantes	
1496	****		Chute des cours du vin	
1497	**	*		
1499	****			1499 Indépendance de la Suisse
1502	****		Vin abondant malgré le gel	

Année	Quantité	Qualité	Commentaires	Faits historiques
1503	○		Sécheresse, récolte détruite	1503 Révolte des rustauds
1504	**	***		
1505	*****		La récolte du siècle; le vin est distribué gratuitement	
1506	*		Forte grêle, faible récolte	
1507	****			
1509	*****			1509-1512 Michel-Ange : fresques de la Sixtine
1510	*	****	Gros orages, faible récolte	
1511	○		Vignes gelées	1511 Erasme : *L'Eloge de la Folie*
1512	*			1512-1515 Le *Retable d'Issenheim :* Grünewald
1513	*		Récolte endommagée par le gel	
1514	****			
1515	*	*	Eté pluvieux	1515 Bataille de Marignan; Mulhouse rallie la Suisse
1516	*	*****		
1517	*		Gel et orages, faible récolte	1517 Les thèses de Luther
1518	**	**	Vin de qualité moyenne	1518 Famine à Strasbourg
				1519 Charles Quint empereur; mort en France de Léonard de Vinci
1521	***	***		
1523	****	***	Bonne récolte, vin agréable	
1524	*	*		1524 Les "Jacqueries de Thuringe" débordent sur l'Alsace
1525	****	****	Bonne récolte, vin agréable; les femmes au travail	1525 Défaite de Pavie. "La Grande Guerre des paysans d'Alsace" (la population masculine du vignoble décimée)
1526	*****	*	Excellente récolte	
1527	****	**	Bonne récolte, vin agréable	1527 Le sac de Rome par les Impériaux
1528	****	**	Bonne récolte, vin agréable	1528 Les Etats d'Alsace
1529	*	○	Eté pourri, vin acide	1529 Vienne assiégée par Soliman
1530	**		Neige et gel en avril	1530 Confession d'Augsbourg
1531	*		Vignes gelées, grêle en été	1531-1534 Conquête du Pérou
1532	****	****	Bon vin abondant	
1533	*	○	Vin acide imbuvable	
1534	*		Gel, méchant vin	1534 L'anglicanisme
1535	*	○	Eté pluvieux, vin acide	
1536	****		Beaucoup de mauvais vin	1536 Alliance franco-ottomane
1537	***	*****		
1538	**	**	Forte neige à Pâques	1538 Haute école de Strasbourg
1539	*****	****	Autre récolte du siècle, pénurie de tonneaux	1539-1541 Calvin à Strasbourg
1540	****	****	Eté très chaud, très bon vin	
1541	***	*	Excès de pluies, vin acide	1541 Monographie de Münster
1542	**	*	Eté humide, vin acide	
1543	*		Forte grêle et gel	
1544	○		Grêle en juin	1544 Paix de Crépy
1545	*	****	Eté sec et chaud	1545-1563 Concile de Trente
1546	**	**		
				1547 Mort de François Ier; Ivan le Terrible
1548	*		Neige et gel à Pâques	

Année	Quantité	Qualité	Commentaires	Faits historiques
1552	*		Forte grêle	1552 Henri II s'empare des Trois-Evêchés (Lorraine)
1555	**	*	Eté frais, vin acide	
1556	***	*****	Vin exquis	1556 Abdication de Charles Quint
1557	*		Vin rare, hausse des prix	
1559	***	****	Bonne année	1559 Catherine de Médicis
1560	*	**	Grêle en juillet, faible récolte	
1562	*		Grêle et neige en juin	
				1563 Les 39 Articles de l'Eglise anglicane
1564	*	****	Gel et grêle, peu de vin mais bon	
1565	*		Gel total des vignes; le vin de messe gèle dans les calices	
1566	*		Petite récolte, vin cher	
1568	*		Eté humide, vin acide	
1570	*		Eté humide, vin imbuvable	1570 Crise financière à Strasbourg
1571	*		Vignes gelées, disette	1571 Victoire de Lepante
1572	○		Neige en juin, vignes gelées	1572 La Saint-Barthélemy
1573	*		Neige en avril, raisins pourris	
1575	****	***	1re bonne vendange depuis quinze ans	
1576	*	*	Vignes gelées en avril	
1578	****	***		
1579	**	○	Gel en août, vin imbuvable	
1580	****		Abondance de vin	
1581	****	****	Abondance de bon vin	1581 Les jésuites en Alsace
1583	****	****	Abondance de bon vin	
1584	****	****	Abondance de bon vin	1584 Fondation de la Virginie, naissance des Pays-Bas
1585	*		Eté humide, peu de vin	
1587	*		Eté humide, peu de vin	1587 Révolte à Mulhouse
1588	*		Eté humide, vin acide	1588 Défaite de l'Invincible Armada
				1589 Assassinat de Henri III
1590	*	****	Peu de vin, mais fin	1590 Bataille d'Ivry
				1592-1604 Guerre des Evêques (Strasbourg); saccage du vignoble de Basse-Alsace
1593	**	*		
1594	*		Février glacial, vignes gelées	1594 Henri IV roi de France
1597	*		Pluies, gelées, grêle	
				1598 Edit de Nantes
1599	*****	*****	Dernière récolte du siècle	
1600	***	*	Printemps froid, vin acide	1600 Cie anglaise des Indes
1601	*	*	Année sèche, vin acide	
1602	○	○	Année glaciale, vignes gelées	
1603	*****	****	Abondance de bon vin	
1604	*****	*****	Abondance de vin excellent	1604 Traité de Haguenau
1605	*****		Abondance de vin	1605 Conspiration des Poudres en Angleterre; *Don Quichotte* de Cervantes
1606	*	*	Vin petit, faible et acide	
1607	*	****	Petites vendanges, mais bon vin	
1608	○	○	Hiver glacial, vignes détruites; le vin a gelé dans les caves	
1609	**	**		
1610	*	○	Vignes détruites par la grêle	1610 Assassinat de Henri IV
1611	****	***	Printemps arrosé	1611 La peste en Alsace

Année	Quantité	Qualité	Commentaires	Faits historiques
1612	****	****		
1613	***	***	Vignes endommagées par la grêle	
1614	*	*	Vin faible et acide	
1615	*	****	Hiver froid, été chaud	
1616	****	****	Vendanges dès la fin août	
1617	*****	*	Vin abondant, mais aigre	1617 Université de Molsheim
1618	*	○	Peu de vin, très acide	1618-1648 Guerre de Trente Ans
1619	*	*	Vignes gelées en plaine	
				1620 Le "Mayflower"
1621	*		Hiver glacial, vignes gelées	1621 Philippe IV d'Espagne; Université de Strasbourg
1622	*		Hiver glacial, vignes gelées	1622 Les Palatins d'Ernst de Mansfeld dévastent la Basse-Alsace
1623	*	*	Fortes gelées en plaine	
1624	*	****	Année sèche, bon vin	
1625	****	****		1625 Un Habsbourg évêque de Strasbourg
1626	***	***		1626 Fondation de New York
1627	*****	*	Hiver très froid, vin aigre	
1628	**	○	Gel et grêle, vin aigre	1628 La peste en Alsace
1629	**	*	Année pluvieuse, vin acide	1629 Edit de Restitution
1630	*****	****	Vin bon et abondant	
1631	*****	*****	L'année du siècle	1631 Victoire suédoise sur les Impériaux à Breitenfeld
1632	○	○	Année de guerre, famine	1632 Les Suédois en Alsace, alliance avec Strasbourg
1633	○	○	Année de guerre, famine	1633 L'Alsace mise à sac
1634	○	○	Année de guerre, famine	1634 Suédois battus à Nordlingen; les Français en Alsace
1635	*	○	Année de guerre, famine	1635-1639 L'Alsace champ de bataille (Colmar sous la protection du roi de France)
1636	*	○	Année de guerre, famine	
1637	*	○	Année de guerre, famine	1637 Descartes : *Discours de la méthode*
1638	*	○	Année de guerre, famine	
1639	***	**	Glace à Pâques, peu de vin	
1640	**	*	Année pluvieuse, vin acide	
1641	*	○	Année humide, vin aigre	1641 Révolte d'Irlande
1642	*	○	Grêle, vin très aigre	1642 Guerre civile en Angleterre
1643	**	*	Printemps humide et froid	1643 Turenne en Alsace. Victoire de Rocroi
1644	*	○	Neige et glace en avril	
1645	***	****		1645 Victoire de Cromwell
1646	***	**	Excès de pluies, vin faible	
1647	****	****		
1648	***	****		1648 Traité de Westphalie, Alsace française
1649	*	○	Forte gelée en septembre	1649 Exécution de Charles Ier d'Angleterre
1650	**	****	1res vendanges tardives?	
1651	***	****	Hiver froid, vin correct	1651 La peste en Alsace
1652	***	****		1652 Fin de la Fronde
1653	*****	****		1653-1658 Dictature de Cromwell
1654	**	○	Eté sec, vendanges réduites	
1655	***	***		1655 Les Suédois en Pologne
1656	*	*	Eté froid et humide, vin aigre	

Année	Quantité	Qualité	Commentaires	Faits historiques
1657	*	o	Printemps pourri, vin acide	1657 Cour souveraine d'Alsace
1658	*	o	Hiver rude, vignes gelées	
1659	****	o	Année froide, vin imbuvable	1659 Paix des Pyrénées
1660	****	****		1660 Charles II d'Angleterre; indépendance de la Prusse
1661	*	o	Eté pourri, vin acide	
1662	**	**		1662 Mort de Pascal
1663	*	o	Gel et grêle, vin acide	
1664	*	o	Année humide, vin aigre	
1665	****	****		1665 Guerre anglo-hollandaise
1666	****	*****	Le millésime du siècle	1666-1669 Epidémie de peste
1667	****	***	Vin abondant mais moyen	1667 La paix de Breda
1668	***	***		1668 La Triple Alliance
1669	*	***	Grêle et gel, récolte inégale	
1670	*	*	Gel fin mai, petite récolte	1670-1700 Versailles, le chantier du siècle
1671	**	**		
1672	****	***	Vendanges inégales	
1673	**	****		1673 Louis XIV en Alsace
1674	*	*	Printemps glacial, guerre	1674 Invasion des Impériaux
1675	*	o	Année froide, guerre	1675 Victoire de Turckheim
1676	***	***	Vendanges inégales	1676 2e invasion des Impériaux
1677	*	o	Gel en octobre, vin acide	1677 Destruction d'Haguenau
1678	****	**	Vin moyen mais abondant	
1679	**		Vignes gelées au printemps	1679 Paix de Nimègue
1680	****	****	Beaucoup de bon vin	
1681	***	*	Eté froid et humide, vin acide	1681 Louis XIV à Strasbourg
1682	*****	***	Deux vendanges dans l'année!	
1683	*****	*****	L'ultime année du siècle	1683 Dernier voyage de Louis XIV en Alsace; les Turcs battus à Vienne
1684	*	*	Eté torride, vignes brûlées	
1685	**	o	Année froide, vin acide	1685 Révocation de l'édit de Nantes (fin de l'existence légale du protestantisme, sauf en Alsace)
1686	****	****	Bonne année, vin remarquable	
1687	**	*	Eté humide, raisins pourris	
1688	**	***	Gel et invasion de hannetons	
1689	*	*	Gel et grêle, peu de vin	
1690	***	**	Gel et grêle, vin inégal	
1691	*	o	Vignes gelées, vin acide	
1692	*	o	Gel et pluies, famine	
1693	**	o	Vignes dévastées par la grêle	
1694	*	***	Ravage du mildiou	1694 Le dictionnaire de l'Académie française
1695	**	o	Année froide, vin imbuvable	
1696	*	*	Fort gel, vignes détruites	
1697	*	o	Eté sec, raisins restés verts	1697 Traités de Ryswick, l'Alsace définitivement française
1698	*	o	Gel, grêle, pluies, vin acide	1698 Pierre le Grand en France
1699	*	****	Année sèche, peu de vin mais bon	1699 Vauban à Neuf-Brisach
1700	***	o	Froid et pluies, vin acide	
1701	****	***		1701 Frédéric Ier, roi de Prusse
1702	****	****	Année équilibrée	1702 Université catholique de Strasbourg
1703	***	***		1703 Fondation de Saint-Pétersbourg
1704	**	****	Eté chaud, vin exceptionnel	

Année	Quantité	Qualité	Commentaires	Faits historiques
1705	*****	**	Abondance de vin moyen	
1706	****	*****	Eté chaud, vin précieux	
1707	****	*		1707 Union Angleterre-Ecosse
1708	*	○	Pluies et gel en mai	
1709	*	○	Hiver glacial, vignes gelées, vin acide	1709 Le Rhin gèle
				1710 Famines en Europe
1711	***	***		
1712	***	****		
1713	*	○	Année humide, peu de vin, acide	1713 Traité d'Utrecht
1714	**	○	Invasion de hannetons	
1715	***	****	Vendanges inégales	1715 Mort de Louis XIV
1716	*	○	Tempêtes, vin acide	1716 André Silbermann achève les orgues de la cathédrale de Strasbourg
1718	*****	*****	Vendanges parfaites	1718 Mort de Charles XII de Suède
1719	****	****	Vin abondant et très bon	
1720	**	****	Année pluvieuse, mais bon vin	
1721	*	*	Eté, automne froid, peu de vin	1721 Montesquieu : *Lettres persanes*
1722	***	****	Automne chaud, bon vin	
1723	**	***	Vignes gelées en mai	
1724	****	****	Année exotique, temps tropical	
1725	**	*	Année pourrie, vin acide	
1726	*	****	Hiver froid	1726 Voltaire en Angleterre
1727	*****	****	Surabondance de bon vin	
1728	***	*	Grêle et vers, vin faible	1728 Château de Rohan à Strasbourg
1729	**	**	Hiver glacial, vignes gelées	
1730	*	*	Pluies, raisins pourris	1730 Invention du thermomètre
1731	*	**	Vignes gelées en hiver	1731 Louis XV réglemente la plantation des vignes en Alsace
1732	**	○	Mauvaise floraison	
1733	****	***	Vendanges inégales	
1734	**	****		
1735	**	**	Petite récolte moyenne	
1736	*	*	Récolte détruite par le gel	1736 Guerre russo-turque
1737	*	*	Peu de petit vin	
1738	**	****	Peu de vin mais très bon	
1739	*****	**	Vendanges abondantes	
1740	*	○	Année glaciale, vin acide	1740 Frédéric II à Strasbourg; guerre Succession Autriche
1741	*	*	Peu de petit vin	
1742	***	***	Vin des collines, supérieur	1742 Traité de Breslau (conflit austro-prussien)
1743	***	***		
1744	**	****	Peu mais très bon	1744 Les Pandours en Alsace; Louis XV à Strasbourg
1745	*	****	Janvier glacial, vendanges inégales	1745 Bataille de Fontenoy
1746	**	***	Grêle en mai	1746 Les indiennes de Mulhouse
1748	****	****	Bonne récolte	
1749	○	○	Gel en mai, pas de récolte	1749 Buffon : *Histoire naturelle*
1750	○	○	Ver de vigne, pas de récolte	1750 Mort de J.-S. Bach
1751	***	***	Récolte médiocre	1751-1772 *L'Encyclopédie*
1752	***		Récolte médiocre	

Année	Quantité	Qualité	Commentaires	Faits historiques
1753	****	*****	L'année du siècle, vin exceptionnel : 50 ans de garde	1753 Voltaire à Strasbourg
1755	**	****	Vignes gelées, peu de vin mais bon	1755 Séisme en Alsace. Lisbonne détruite
1757	****	*	Gelée blanche, grêle, petit vin	1757-1763 Guerre de Sept Ans
1758	**	**	Eté pourri, vin faible	
1759	****	****	Hiver doux, bel été, bon vin	1759 Incendie de Strasbourg; perte de Québec
1760	****	****	Eté chaud, bonne année	1760 La France chassée des Indes
1761	**	***		
1762	****	*****	Vendanges précoces; comme 1753, année exceptionnelle	1762 J.-J. Rousseau : *Le Contrat social*
1763	***	*	Année froide, peu de vin, aigre	1763 Traité de Paris
1764	*	*	Gel en septembre	
1765	***	***	Vendanges inégales (grêle)	
1766	**	***	Vendanges inégales	1766-1768 Bougainville autour du monde
1767	*	○	Pâques glacial, vignes gelées	
				1768 La Corse devient française
1770	*	○	Fort gel, mauvais vin	1770 Goethe et Marie-Antoinette à Strasbourg
1771	○	*	La plus petite récolte du siècle	
1772	****	*		1772 Partage de la Pologne
1773	*	**	Printemps froid, peu de vin	1773-1775 Révolte de Pougatchev
1774	**	****	Sécheresse, peu de vin mais bon	1774 Mort de Louis XV
1775	****	**	Bonnes vendanges	1775-1783 Guerre de l'Indépendance américaine
1776	**	**	Gel, année inégale	1776 Louis XVI ordonne l'arrachage des vignes en plaine d'Alsace (lettre morte)
1777	*	***	Année froide, peu de vin mais bon	
1778	****	****	Vendanges abondantes et bonnes	
1779	**	*****	Peu de vin mais excellent	1779 Machine à filer
1780	****	****	Année chaude, bon vin	1780 Le foie gras de Clausse
1781	****	****	Bonne année, sauf en plaine	
1782	***	**	Gel en octobre, vin inégal	
1783	***	****	Vin excellent sur les collines	1783 Indépendance des Etats-Unis
1784	**	**	Année sèche, peu de vin, faible	
1785	***	*	Hiver froid, vin faible	1785 Machine à vapeur de J. Watt
1786	*	*	Hiver froid, peu de vin	
1787	***	***	Vin très inégal, parfois bon	1787 Métier à tisser (Cartwright). *Don Juan* de Mozart
1788	***	***	Hiver froid, vin moyen	
1789	*	*	Hiver froid, peu de vin	1789 Prise de la Bastille
1790	****	****	Abondance de bon vin	1790 Fête de la Fédération
1791	***	**	Année correcte	1791 *La Flûte enchantée* de Mozart
1792	*	*	Gel en avril, vignes détruites	1792 Rouget de L'Isle à Strasbourg : *Le Chant de guerre pour l'armée du Rhin* (La "Marseillaise"). Victoire de Valmy
1793	*	○	- 20 °C le 30 juin, vin aigre	1793 Guerre en Alsace, mort de Louis XVI
1794	*	****	Peu de vin mais précoce et bon	1794 Bataille de Fleurus

Année	Quantité	Qualité	Commentaires	Faits historiques
1795	****	****	Bonne année pour le vin	1795 Paix de Bâle (France-Espagne)
1796	****	****	Hiver clément, bon vin	1796 Bonaparte en Italie
1797	***	***	Année moyenne	1797 Manufacture de papier peint Zuber à Rixheim
1798	**	****	Année moyenne, bon vin	1798 Mulhouse française
1799	****	○	Eté froid, vin très acide	1799 Coup d'Etat du 18 Brumaire
1800	***	****	Eté chaud et sec, bon vin	1800 Bataille de Marengo
1801	***	*	Année moyenne, vin faible	
1802	****	****	Bon vin dans les collines	1802 Bonaparte Consul à vie, paix d'Amiens
1803	***	***	Année moyenne	
1804	****	****	Bon vin, mais faible en plaine	1804 L'Empire
1805	**	*	Gel, vin faible et acide	1805 Bataille d'Austerlitz
1806	***	***	Vendanges moyennes, vin agréable	1806 Bataille d'Iéna, Napoléon en Alsace
1807	***	****	Vendanges inégales	1807 Paix de Tilsitt
1808	****	**	Année pluvieuse, vin acide	1808 Guerre d'Espagne
1809	**	*	Vignes gelées, peu de vin, acide	1809 Bataille de Wagram
1810	**	**	Vignes gelées, vin médiocre	1810 1re Ecole normale de France à Strasbourg
1811	****	*****	La première année du siècle	
1812	***	**	Gel et pluie, vin médiocre	1812 Campagne de Russie
1813	**	**	Gel et grêle, petit vin acide	1813 Invasion de l'Alsace
1814	*	*	Guerre et gel, vin acide	1814 Abdication de Napoléon Ier
1815	***	***	Année moyenne	1815 Les Cent Jours - Waterloo
1816	**	*	Eté froid, mildiou, mauvais vin	
1817	*	*	Peu de vin et mauvais	
1818	*	*	Vin faible, petit et acide	1818 Evacuation des alliés
1819	***	***	Vendanges correctes	
1820	**	*	Petit vin	
1821	*	*	Eté sec et froid, petit vin	
1822	***	****	Bonne année précoce	
1823	**	**	Peu de vin, léger et inégal	1823 La doctrine de Monroe
1824	**	**		1824 Le roi Charles X; 9e Symphonie de Beethoven
1825	**	****	Année sèche, bonne qualité	
1826	****	**	Beaucoup de vin, très moyen	
1827	**	***	Hiver rude, vignes gelées	1827 Bataille de Navarin
1828	*****	***	Beaucoup de raisins, vin correct	1828 Charles X en Alsace
1829	****	**	1828 en moins bon	
1830	*	***	Récolte détruite par la grêle	1830 Révolution de Juillet, Louis-Philippe roi; *Hernani* de Victor Hugo
1831	**	*	Année froide, vin très faible	
1832	***	****	Année correcte	1832 Indépendance de la Grèce
1833	****	**	Petit vin abondant	1833 *Eugénie Grandet* de Balzac
1834	***	*****		
1835	****	**	Eté pluvieux, vin faible	1835 Attentat de Fieschi
1836	***	**	Raisins pourris, vin acide	1836 Tentative de coup d'Etat par Louis-Napoléon à Strasbourg
1837	**	**	Année très moyenne	1837 La reine Victoria; le chemin de fer en France
1838	***	**	Comme en 1836	
1839	**	**	Vignes gelées, année pauvre	1839 Le chemin de fer Bâle-Mulhouse; *La Chartreuse de Parme* de Stendhal
1840	****	**	Beaucoup de vin, assez bon	

Année	Quantité	Qualité	Commentaires	Faits historiques
1841	*	**	Fort gel et pluies, vin faible	
1842	**	****	Sécheresse, peu de vin mais bon	
1843	**	**	Peu de vin, faible et aigre	
1844	****	***	Année pluvieuse, pourriture	1844 *Les Trois Mousquetaires* d'Alexandre Dumas
1845	***	***		
1846	***	*****	Comme en 1834	
1847	***	****	Gel en plaine, bon vin sur les collines	
1848	***	****	1846 en plus faible	1848 L'insurrection parisienne entraîne la chute de Louis-Philippe. Karl Marx : *Le Manifeste du parti communiste*
1849	***	***		
1850	**	*	Froid et grêle, peu de vin, acide	
1851		*		1851 Coup d'Etat de Louis-Napoléon
1852		*	Faible récolte	1852 Napoléon III empereur
1855	*		Vin acide	1855 Prise de Sébastopol
1857		*****	Eté chaud, vin excellent	1857 Beaudelaire : *Les Fleurs du Mal*
1859		*		1859 Bataille de Solferino
1861		**		1861-1867 Expédition du Mexique 1862 *Les Misérables* de Victor Hugo
1864	**	**		1864 Erckmann-Chatrian : *L'Ami Fritz*
1865	***	*****	Gel au printemps; été torride	1865 Fin guerre de Sécession
1866		**		1866 Bataille de Sadowa
1870		*****	Vendanges parfaites	1870 Guerre avec la Prusse; perte de l'Alsace
1873	****	***	Hiver doux, vendanges correctes	
1874		*****	Vin exceptionnel	1874 L'Ecole alsacienne à Paris
1875	*****	*****	Une très grande année	1875 La IIIe République
1876	**	****	Le phylloxéra en Alsace	1876 Inondations en Alsace
1877	***	**	Vin acide et faible	1877 Invention du phonographe (Edison)
1878	***	**	Petit vin, doux et sucré	
1879	*	*	Peu de vin, acide	
1880	*	*	Vignes gelées, vin très faible	
1881	***	**		1881 Assassinat du tsar Alexandre II
1882	**	*	Quantité décevante, vin léger	1882 Occupation de l'Egypte par l'Angleterre
1883	***	**	Anné moyenne	1883 Protectorat français sur l'Annam
1884	***	****	Vendanges correctes, bon vin	
1885	****		Bonnes vendanges	1885 Vaccin contre la rage (Pasteur)
1886	**		Le phylloxéra	1886 *La Liberté éclairant le Monde* du Colmarien Bartholdi à New York
1887	**	***	Année moyenne	
1888	****	o	Beaucoup de vin, imbuvable	1888 Emprunt russe
1889	***	***	Pluies et grêle, vin léger	1889 Exposition universelle de Paris, la tour Eiffel
1890	***	**	Vin faible	
1891	**	***	Vin correct, mais un peu faible	1891 Scandale de Panama

Année	Quantité	Qualité	Commentaires	Faits historiques
1892	***	***	Année moyenne	
1893	*****	****	Année remarquable	
1894	***	*	Vin à peine buvable	
1895	***	*****	L'ultime vin du siècle	1895 Le cinématographe des frères Lumière
1896	****	**	Vendanges moyennes	
1897	****	***	Année correcte	
				1898-1899 L'affaire Dreyfus
1900	*	****	Pluies, raisins pourris	
1901	*	****	Vignes gelées, vin acide	1901 Mort de la reine Victoria
1902	**	**	Gel en mai, oïdium	
1903	*	***	Année humide, oïdium	
1904	****	****	Bonne année	1904 Entente cordiale. Le Musée alsacien à Strasbourg
1905	**	**	Année sèche, mais péronospora	1905 "Dimanche rouge" en Russie
1906	**	**	Péronospora, vin décevant	
1907	**	**	Hiver froid, attaque de vers	1907 Révolte viticole en Languedoc
1908	****	****	Bonne année, mais peu d'acheteurs	
1909	*		Gel, grêle, brouillard en été	1909 Blériot traverse la Manche en avion
1910	○	○	Invasion du ver de grappe	
1911	*	*****	Eté torride, vin exceptionnel	1911 L'affaire d'Agadir
1912	*	○	Février sibérien, vignes gelées	1912 Protectorat sur le Maroc (Lyautey)
1913	*	○	Gel en avril, ver de grappe	1913 Incident de Saverne
1914	○	○	Invasion du ver de grappe	1914 La Grande Guerre; les Français à Thann
1915	*	*	Année sèche, pénurie de sucre	
1916	*	*	Année sèche, pénurie de sucre	1916 Verdun; germanisation des noms en Alsace
1917	**	**	Hommes au front, femmes et filles aux vignes	1917 La révolution d'Octobre
1918	**	*	Décadence du vin rouge d'Alsace	1918 Alsace française, tentative d'autonomie
1919	*****	***	Récolte abondante, chute des prix	1919 Traité de Versailles
1921	**	*****	Eté chaud, peu de vin mais excellent	
1922	***	*	Phylloxéra, vin acide	
1923	*	*	Phylloxéra et ver de grappe	1923 Tokyo anéantie par un séisme
1924	*	*	Phylloxéra et ver de grappe	
1928	****	****	Bonne année	1928 Procès des autonomistes alsaciens
				1929 J.-J. Waltz, dit Hansi, *Les Clochers dans les vignes*
1931	*****	○	Eté pluvieux, vin très acide	
1933	***	**	Gel en avril, vin faible	1933 Accession de Hitler au pouvoir
1934	*****	*****	Millésime, raisins mûrs le 15 août	
				1936 Victoire du Front populaire
1938	*	****	Gel en avril, peu de vin	
1939	****	○	Eté pluvieux, vin acide	1939 Seconde Guerre mondiale
1940	○	○	Plus de produits de traitement	1940 Annexion de l'Alsace
1941	****	*	Plus de produits de traitement	1941 Le STO (Service du travail obligatoire)

Année	Quantité	Qualité	Commentaires	Faits historiques
1942	****	*	Manque d'hommes	1942 Les "Malgré nous"
1943	****	**	Manque d'hommes	
1944	****	*	Guerre dans le vignoble	1944 Campagne de France; bataille d'Alsace
1945	*	****	Gel en mai	1945 La victoire
1946	****	***	Bonne année	
1947	○	○	Invasion du ver de grappe	
1948	***	***		1948 Le coup de Prague
1949	***	****	Vendanges précoces	1949 Le Conseil de l'Europe
1950	***	***		1950-1953 Guerre de Corée
1951	***	**		1951 Traité de Paris; la CECA
1952		***		1952 Albert Schweitzer, prix Nobel de la Paix
1953		****		
1954	*****	***	Abondance de vin moyen	1954 Dien Bien Phu
1955	*****	***	Abondance de vin, chute des prix	1955 Pacte de Varsovie
1956		**	Vendanges moyennes	1956 Budapest
1957		***	Vendanges moyennes	1957 Traité de Rome; la CEE
1958		**	Vendanges moyennes	1958 M. Barth, *Der Rebbau des Elsass*
1959	****	*****	L'année du siècle	
1960		***	Vendanges moyennes	
1961	****	****	Bon vin abondant	1961 Le mur de Berlin
1962		***		1962 Indépendance de l'Algérie
1963		**		1963 Traité franco-allemand
1964		****		
1965	**	*	Année froide, vins faibles et acides	
1966		***		
1967		***		
1968		**		1968 Les Evénements de mai 68
1969	***	****		1969 Mort du général de Gaulle. L'homme sur la lune
1970	****	***		
1971	**	*****	Excellent millésime	1971 Alfred Kastler (prix Nobel de Physique en 1966) : *Europe, ma patrie*
1972	***	**		
1973	****	***		1973 L'Europe des Neuf
1974	**	****	Coulure	
1975	***	***		1975 Chute de Saigon; accords de Lomé
1976	***	*****	Printemps torride, sécheresse	1976 Mort de Mao Tsê-toung
1977	***	**		
1978	**	****		1978 Camp David
1979	****	***	De belles réussites isolées	1979 Le Parlement européen; création de l'Ecu
1980	***	**	Mûrissement tardif du raisin	
1981	***	****	Très bonne année	
1982	*****	**	Récolte surabondante, vin moyen	
1983	***	*****	Excellente année	
1984	**	**	Peu de vin, car coulure	
1985	***	****		
1986	***	****	Hiver glacial	1986 L'Europe des Douze
1987	****	***	Hiver rigoureux	
1988	***	****	Prémices d'une grande année, mais automne pluvieux	1988 Strasbourg célèbre son bimillénaire

Vingt-cinq futurs grands crus

L'appellation Alsace Grand Cru a été définie par le décret du 20 novembre 1975. A la suite de la parution de ce décret, plusieurs syndicats viticoles ont introduit auprès de l'INAO une demande de reconnaissance de leur lieu-dit, aboutissant à la reconnaissance officielle de 25 lieux-dits, par le décret du 23 novembre 1983.
En 1984, les syndicats recensaient 77 nouvelles propositions. Après examen, la commission d'enquête proposait d'en retenir 25, et cette position était adoptée par le Comité national de l'INAO au cours de ses séances de novembre 1985 et novembre 1987.
Afin de ne pas interrompre les usages concernant ces 25 nouveaux lieux-dits, il était décidé, dans le même temps et jusqu'à ce que les délimitations soient opérées, de leur permettre de bénéficier de l'ancienne procédure « Expression Grand Cru », sous réserve qu'ils satisfassent, à titre conservatoire, à l'ensemble des conditions de production de l'AOC Alsace Grand Cru.
La mise à l'enquête du tracé de ces nouveaux lieux-dits est maintenant imminente.

Jean-Louis Vézien
Ingénieur Conseiller Technique
INAO – Colmar

En cours de classement :

Altenberg de Wolxheim
Bruderthal (Molsheim)
Engelberg (Dahlenheim)
Florimont (Ingersheim)
Frankstein (Dambach-la-Ville)
Froehn (Zellenberg)
Furstentum (Kientzheim et Sigolsheim)
Mambourg (Sigolsheim)
Mandelberg(Mittelwihr)
Marckrain (Bennwihr)
Muenchberg (Nothalten)
Osterberg (Ribeauvillé)
Pfersigberg (Eguisheim)
Pfingstberg (Orschwihr)
Praelatenberg (Orschwiller et Kintzheim)
Schoenenbourg (Riquewihr)
Sporen (Riquewihr)
Steinert (Pfaffenheim)
Steingrubler (Wettolsheim)
Steinklotz (Marlenheim)
Vorbourg (Westhalten et Rouffach)
Wineck-Schlossberg (Katzenthal)
Winzenberg (Blienschwiller)
Zinnkoepflé (Soulzmatt et Westhalten)
Zotzenberg (Mittelbergheim)

Index des viticulteurs

Crédits photographiques :

Toutes les photographies de cet ouvrage ont été réalisées par
Richard Decker, Strasbourg,
à l'exception de la page 20 (Bibliothèque de Wolfenbuttel, RFA).